清华通识文库

传播理论的
世界文学镜像

王亦高　吴翼翔　潘俊鑫◎著

Communication Theories
Reflected in World Literature

清华大学出版社
北京

内 容 简 介

本书勾勒与描绘了传播学理论的基本脉络，继而展开了若干理论思考，兼涉文学、艺术学、社会学、人类学等学科内容。通过阅读本书，读者能够观赏并领略传播学的知识图谱，更能够被邀引着将理论知识与文学鉴赏相联系，进一步力图对相关社会现象与心灵现象有所感触、体验、思考、省悟。

本书适合传播学教学与研究人员及高校广大师生阅读品评，同时亦适合每一位对传播学尤其是文化研究领域有一定兴趣的读者参详浏览。特别地，对世界文学抱以普遍热情的青年读者亦可从本书中汲取到丰饶营养，以充实自己的思想武库。

图书在版编目（CIP）数据

传播理论的世界文学镜像 / 王亦高，吴翼翔，潘俊鑫著.—北京：清华大学出版社，2024.5（2025.3重印）
（清华通识文库）
ISBN 978-7-302-66307-2

Ⅰ.①传… Ⅱ.①王… ②吴… ③潘… Ⅲ.①传播学—理论研究 Ⅳ.①G206

中国国家版本馆CIP数据核字（2024）第098052号

责任编辑：梁 斐
封面设计：北京汉风唐韵文化发展有限公司
责任校对：欧 洋
责任印制：丛怀宇

出版发行：清华大学出版社
　　　　　网　　　址：https://www.tup.com.cn, https://www.wqxuetang.com
　　　　　地　　　址：北京清华大学学研大厦A座　　　邮　　编：100084
　　　　　社 总 机：010-83470000　　　　　　　　　邮　　购：010-62786544
　　　　　投稿与读者服务：010-62776969, c-service@tup.tsinghua.edu.cn
　　　　　质量反馈：010-62772015, zhiliang@tup.tsinghua.edu.cn
印 装 者：天津鑫丰华印务有限公司
经　　销：全国新华书店
开　　本：165mm×235mm　　　印　张：12.25　　　字　数：188千字
版　　次：2024年5月第1版　　　　　　　　　印　次：2025年3月第2次印刷
定　　价：68.00元

产品编号：103453-01

献给尊敬的陈力丹老师

目　录

引子

很久很久以前，比奥提亚国王阿塔玛斯（Athamas）与云间仙女涅斐勒（Nephele）育有一双儿女，姐姐叫赫勒（Helle），弟弟叫佛里克索斯（Phrixos）。一家人生活得十分幸福。后来却发生了意外，国王阿塔玛斯开始宠幸另一位女子伊诺（Ino），并迎娶了她。失宠的涅斐勒在悲恸与无奈之下不得不离开了国王和孩子们，返回云间。

伊诺的名气似乎比她的夫君阿塔玛斯还要大些。伊诺的父亲就是大名鼎鼎的卡德摩斯（Cadmus）——忒拜城的建造者、俄狄浦斯的先祖；[①] 而伊诺的母亲则是哈尔摩尼亚（Harmonia），此人乃是爱与美的女神阿芙洛蒂忒（Aphrodite）与战神阿瑞斯（Ares）所生的女儿。[②]

伊诺作了继母之后，一开始确实是真心疼爱赫勒和佛里克索斯，可等她自己的孩子出生后，她便想方设法要置赫勒和佛里克索斯于死地，不断折磨与虐待涅斐勒的儿女。忍无可忍的涅斐勒，只得向众神的使者赫耳墨斯（Hermes）祷告——本书尤其"倚重"的这位神祇的大名，在这里出现了。

赫耳墨斯十分同情涅斐勒与她的儿女，就送给涅斐勒一只浑身长满纯金的毛、生有双翼、会飞的公羊——这就是大名鼎鼎的金毛羊。在大多数时候，金毛羊象征的是一种勇猛的精神，且一般认为它是一只公山羊。欧洲小说《玫瑰的名字》（*The Name of the Rose*）曾提到："钻石只能用雄山羊的血才能切割开。"[③] 公山羊往往被赋予了符号化的意义：坚韧而刚毅。美洲小说《百年孤独》里也

---

① ［古希腊］希罗多德著《希罗多德历史》（上、下），王以铸译，商务印书馆，1959 年，435 页。
② ［古希腊］赫西俄德著《工作与时日/神谱》，张竹明、蒋平译，商务印书馆，1991 年，55 页。
③ ［意］翁贝托·埃科著《玫瑰的名字》，沈萼梅、刘锡荣译，上海译文出版社，2015 年，358 页。

有类似的隐晦比喻。①

得到金毛羊后，涅斐勒赶紧让自己的儿女骑在羊背上。金毛羊凌空飞翔，驮着姐弟二人逃离苦海。

那么，那位神祇——赫耳墨斯又是谁呢？他，正是众神的使者。从上面的故事里，我们可以知晓，赫耳墨斯能够勾连、传递天地之间的信息，将人间的祷告达于上苍，又把天庭的福音赐予黎民。在一般的叙事传统里，赫耳墨斯俨然成了信息之神、沟通之神、传播之神、旅行之神。而这正是赫耳墨斯与传播学的渊源之处。赫耳墨斯手持带有斑斓羽毛的节杖，游走于旷野，飞翔于山巅，升腾于碧空，沉潜于冥河。普罗普称赫耳墨斯为"阴阳两界的居间者"，②这并不算夸张。甚至有学者还引证说，政治才能、正义感、羞耻感这几样东西，按照古希腊神话的意思来讲，本来也是由赫耳墨斯负责分配给每一个人的。③

不仅如此，学术圈里常说的阐释学（hermeneutics），其词根通常被认为来源于赫耳墨斯（Hermes）。这又牵扯到另一个神话故事，这个富于戏谑色彩的故事要从《奥德赛》第8卷所讲述的阿瑞斯和阿芙洛蒂忒偷情说起。④

据说，战神阿瑞斯是阿芙洛蒂忒的爱慕者，但是阿芙洛蒂忒在奥林匹斯山上竟然有一门"包办婚姻"——宙斯与赫拉做主，将阿芙洛蒂忒强行许配给了铸铁之神赫淮斯托斯（Hephaistos）。赫淮斯托斯是个铁匠，心思巧妙，唯腿脚不大灵便。⑤战神阿瑞斯，脾气暴躁，武功平平，但人长得魁梧俊美。赫淮斯托斯虽是阿芙洛蒂忒的"正牌"丈夫，却并非阿芙洛蒂忒的心仪郎君，所以他总是怕自己的妻子跟阿瑞斯有染。为了捉奸，赫淮斯托斯特地打造了神奇的罗网，挂在床上。这张罗网真可谓"神网"，不仅能够随时罩下并绷紧，而且肉

① ［哥伦比亚］加西亚·马尔克斯著《百年孤独》，范晔译，南海出版公司，2011年，297-298页。

② ［俄］普罗普著《神奇故事的历史根源》，贾放译，北京联合出版公司，2022年，529页。

③ ［德］伊丽莎白·诺尔-诺依曼著《沉默的螺旋：舆论——我们的社会皮肤》，董璐译，北京大学出版社，2013年，246-247页。

④ 参见［古希腊］荷马著《奥德赛》，陈中梅译，译林出版社，2012年，193-199页。

⑤ 《伊利亚特》中对赫淮斯托斯的描写是极为丰富的，参见［古希腊］荷马著《伊利亚特》，陈中梅译，译林出版社，2012年，23页、439页。后世作家往往爱用这个神话人物去比喻腿脚不好的人，譬如在小说《简·爱》的结尾处，男主人公罗切斯特先生曾经自嘲像"一个道地的铁匠"。参见［英］夏洛蒂·勃朗特著《简·爱》，黄源深译，译林出版社，2010年，445页。

眼是看不见其经纬的。这一日，阿瑞斯和阿芙洛蒂忒果然欲火难耐，相约偷情，不成想，二人才赴床榻，就一下子被那张精工巧制的罗网罩得结结实实，动弹不得。赫淮斯托斯出其不意，捉奸成功，还立马邀请了众神祇前来，让大家一同目击奸情。这个时候，众神应该说点儿什么呢？

据《奥德赛》记载，在这个尴尬时刻，目击者阿波罗忽然问同为目击者的赫耳墨斯："你可愿被紧箍在坚实的网里？"赫耳墨斯——也就是这位大名鼎鼎的使者——诚挚地答道：

> 哪怕无尽的罗网三倍于此箍我，
> 所有的神祇都来看视，连同女神一起——
> 我愿傍依金色的阿芙洛蒂忒，在她身边睡寝。[①]

——赫耳墨斯发自肺腑地回答出如此"自然而然"的话来，这大概就是"阐释学"为何要以"赫耳墨斯"为词根的根本缘由。阐释学的要旨大概正在于：力图摒弃一切困囿于固定程式的认知体系或惯例，而始终抱以当下涌现而勃发的跃然心意。

说到传播学，说到阐释学，说到信息，说到意义，我们都不能不提及赫耳墨斯。我们且以赫耳墨斯之名，同时大力借助世界文学园圃里的缤纷英翠，谈谈宛若斑斓之羽的传播学知识吧！

此时此刻，不也恰是时候吗？

---

① ［古希腊］荷马著《奥德赛》，陈中梅译，译林出版社，2012 年，197 页。

插图 0-1 : [意] 青铜雕塑,《赫耳墨斯》, 作者不详, 约 16 世纪作品, 藏于美国华盛顿国家艺术画廊。

第一章　人的五感

第一节　嗅觉与触觉

传播学讨论伊始，人的五感是必须被予以关注的。

人的五感一般被认为是最原始的信息传播方式。可是，原始归原始，即使在当今最为现代化的信息传播环境之中，我们依然能够察觉、体验、领悟到原始信息传播方式的巨大能量。这些原始形式——单纯运用五感而不使用语言或文字进行传播——依然是不可或缺的、生动的、有机的信息传播方式。例如：香水的使用（嗅觉）、[①] 亲吻和拥抱（触觉）、言语中的声调变化与轻重缓急（听觉）、音乐的广泛存在（听觉）、体语的广泛运用（视觉）等。倘若一位学者说"清晨，一个亲吻的热度会比太阳还要温暖"，[②] 绝非臆断之妄言。

世界文学作品中这样的例子是数不胜数的。日本作家村上春树的长篇小说《挪威的森林》里有一段精彩描写，说的是触觉方面的真实感受：

> 我们在娱乐场后头撑着伞抱在一起。……
>
> "还不快把那破伞放下，拿两只胳膊紧紧抱住！"她说。
>
> "放下伞不淋成落汤鸡了？"

[①] 这当然立即令我们联想起《香水》这本小说。参见［德］聚斯金德著《香水》，李清华译，上海译文出版社，2005 年。欧·亨利笔下的一篇短篇小说《带家具出租的房间》，也有类似意蕴，嗅觉成为贯穿全篇的线索。参见［美］欧·亨利著《欧·亨利短篇小说精选》，崔爽译，浙江文艺出版社，2018 年，19 页。

[②] 王怡红著《人与人的相遇——人际传播论》，人民出版社，2003 年，94 页。

　　"管它什么落汤鸡！求你现在什么也别想，只管死死抱住我。我都整整忍耐两个月了。"

　　我把伞放在脚下，顶着雨把绿子紧紧搂在怀中。惟有车轮碾过高速公路的沉闷回响仿佛缥缈的雾霭一般笼罩着我们。①

　　女主人公绿子嫌弃男主人公渡边彻只用一只胳膊来拥抱，感觉不够力道，所以要求用两只胳膊"死死抱住"才可以。青年男女的热恋之情跃然纸上。

　　同样是日本作家，唯美派文学代表谷崎润一郎笔下的男女主人公，其热恋之情却不免夹杂了更多的"虐恋"成分，而触觉又首当其冲。《春琴抄》讲说，罹患眼疾而致盲的女主人公春琴素来习惯于让男主人公佐助用胸膛为她焐脚。某天，佐助因为牙疼，自觉脸颊燥热滚烫，春琴又叫他焐脚，佐助干脆把春琴的脚直接放到了自己的脸上。春琴一下子就觉察到了，呵斥道："人家叫你用胸口焐可没叫你用脸焐。"②又紧接道："脚底没长眼睛，这是明眼人和盲人都一样的。"③触觉对于盲人而言，格外重要、显著、敏锐、发达。

　　触觉与嗅觉的地位较为相当，因为二者都需要近距离的接触。就人际沟通而言，能够或不能够闻到彼此的身体气味，恰恰是衡量关系亲密与否的标尺。在最亲密的爱人之间，恐怕说"情人鼻子里出西施"都不为过。美国文学家惠特曼《草叶集》的诗行说明了身体气味的"优雅"与"可亲"：

　　　　这腋下的芬芳比祈祷还美……④

　　在那样的缱绻情形之下，腋下的芬芳不正是人世间顶顶珍贵的香氛吗？同样是身体气味，德国作家歌德的诗剧《浮士德》里的一帮贵妇们就更加"情难自已"了：

---

① ［日］村上春树著《挪威的森林》，林少华译，上海译文出版社，2018年，336-337页。
② ［日］谷崎润一郎著《春琴抄》，赖明珠译，上海译文出版社，2016年，36页。
③ 同上。
④ ［美］惠特曼著《草叶集》，邹仲之译，上海译文出版社，2016年，62页。

> 年轻的贵妇：是什么气味掺进了香烟的烟气，使我深深感到心旷神怡？
>
> 年长的贵妇：果然，一阵香气沁人心脾，是从他身上散出来的！
>
> 最年长的贵妇：他正值青春全盛期，芳香的少壮体气已经成熟，像氛围一样弥漫四周。①

这是——俊美的王子帕里斯显形之后——几位贵妇情不自禁的评论。几位贵妇在俊美男子的少壮体气的熏陶之下，几乎无法自持。如果说《浮士德》讲的是西方语境下的女士嗅着男子的体香，那么日本作家田山花袋的中篇小说《棉被》讲的则是东方语境下的男子嗅着女士的体香：

> 时雄拉开书桌的抽屉，里面扔着一根沾染了发油的旧丝带。时雄拿起来嗅着上面的气息。过了一会儿，他站起身打开了壁橱。只见三个大柳条包为了邮寄方便用细麻绳捆着，包的后面，是芳子一直使用的被褥——葱绿色蔓藤花纹的褥子，和相同花色的厚厚的棉被叠放在一起。时雄把被褥拽出来。一股女人的令人眷恋的油脂和香汗气味使他怦然心跳，无以言传。天鹅绒的被头上有明显的污痕，他把脸贴在上面，尽情地嗅着深深思念的女子的体香。性欲、悲哀与绝望，顷刻间涌上时雄心头。他铺上褥子，盖上棉被，在冰凉的带着污渍的天鹅绒被子里埋头哭泣。②

关于嗅觉，更值得留意的恐怕是人类学家、神话学家、民俗学家普罗普的若干考证。普罗普认为，气味几乎是人之所以为人的一个最典型的特质，因为，毕竟"活人才会有味"。③ 所以，很多文学作品都编排、设计出了此类离奇又诙谐的情节：（无味儿的）亡人通过气味辨别出了（有味儿的）活人，或是相反。刚刚提及了《浮士德》，歌德此处的运笔亦有类似深意：显形而出的帕里斯，好歹是一个实实在在的大活人，所以他才会有味儿；虚无缥缈的鬼魂自然是绝

---

① ［德］歌德著《浮士德》，绿原译，人民文学出版社，2014 年，236 页。

② ［日］田山花袋著《棉被》，周阅译，上海译文出版社，2011 年，130 页。

③ ［俄］普罗普著《神奇故事的历史根源》，贾放译，北京联合出版公司，2022 年，78 页。

不可能有味儿的。实际上，通过嗅觉来辨别"外来的生人"甚或标记"属己的领地"，本来就是最早的、最原始的信息传播方式，就像至今不少动物仍存有用尿液做标记的本能——撒尿本身不是目的，放"味儿"才是目的。

　　在嗅觉、触觉之上，如果同时叠加了视觉、味觉，感官就更加丰富了——而以上四种感官的综合运用，比较典型的体现大概是美食烹饪。世界文学作品中，这样的典例依然不少。譬如，嗅觉、触觉、视觉、味觉的"联络"被智利诗人聂鲁达《元素颂》里的一道传统菜肴——康吉鳗杂烩汤——体现到了极致：

　　　　粉红色的康吉鳗

　　　　生活在

　　　　智利的汹涌大海里，

　　　　巨大的鳗鱼

　　　　鱼肉雪白。

　　　　在智利的海岸上，

　　　　汤锅里，

　　　　诞生了这种

　　　　鲜美，多汁，

　　　　益补的杂烩汤。

　　　　拎一条剥了皮的康吉鳗

　　　　到厨房，

　　　　它斑斑点点的鱼皮剥开

　　　　像一只手套滑落

　　　　就这样

　　　　大海捧出的葡萄枝串

　　　　暴露在世上

　　　　柔嫩的康吉鳗

　　　　浑身赤裸

　　　　闪着光

已为我们的好胃口

做足准备。

现在，

你拿起

几头蒜

先抚摸那

珍贵的象牙白，

它散发出

怒气冲冲的芬芳，

然后

将剁碎的蒜瓣

与洋葱，番茄

一同丢下去

直到洋葱

泛出金子的色泽。

同时，

在腾腾热气中

烹调

奢豪的龙虾，

等到一切

准备妥当，

当那滋味

凝成酱汁

有海洋的

汁液

有洋葱的光中

迸溅出的

清澈的水，

康吉鳗煮在其间

浸没在荣耀中，

渍入油锅

收缩，浸透了汁水。

只需要

在这盛馔上

再点缀上奶油

如浓郁的玫瑰盛开，

然后将这珍宝

缓缓送至

火上炙烤

直到

智利的精华

在这碗杂烩汤里

变得滚热，

陆与海的滋味

在此结合

在这道菜肴里，

你会认识天国。①

　　我们虽然一时间吃不到康吉鳗杂烩汤，但单读聂鲁达这首诗，大约也已经垂涎欲滴了！必须颔首，感官的综合运用一直是诗人笔下的"宠儿"。请看，莎士比亚的第 141 首十四行诗也是这样的写作思路，而且用语更为直率、俏皮：

　　说实话，我的眼睛并不喜欢你，

　　它们发见你身上百孔和千疮；

---

① ［智利］聂鲁达著《元素颂》，刘博宁译，南海出版公司，2022 年，48 页。

　　但眼睛瞧不起的，心儿却着迷，

　　它一味溺爱，不管眼睛怎样想。

　　我耳朵也不觉得你嗓音好听，

　　就是我那容易受刺激的触觉，

　　或味觉，或嗅觉都不见得高兴

　　参加你身上任何官能的盛酌。

　　可是无论我五种机智或五官

　　都不能劝阻痴心去把你侍奉，

　　我昂藏的丈夫仪表它再不管，

　　只甘愿作你傲慢的心的仆从。

　　不过我的灾难也非全无好处：

　　她引诱我犯罪，也教会我受苦。①

　　自然，按照莎士比亚的大致见解，五官带来的感受毕竟不及灵魂的共鸣。这一点带有明显的基督教文化意味。而含有丰富参照意味的恰恰是，东方文学虽与基督教普遍无涉，却也偶有这样的隐晦倾向：在若干时刻，似乎存在着五感之外的"更高感觉"，臻至人生更高境界的必然途径亦在于此。《春琴抄》里曾两次明确提到"第六感"，② 可谓典型之例证。

　　塞尔维亚小说《紧身胸衣》也是一个有趣的作品。在这部作品里，作者着意提出了一个说法，五感只不过是肉体感官，心灵感官则更为丰富且多样，大约可以分为如下 10 种：①宗教的启示；②人类的美德；③梦；④想象；⑤理解；⑥回忆；⑦感觉；⑧亲吻（看不见的光）；⑨恐惧；⑩死亡。③ 小说终归是小说，诚然不必过于较真，但小说带给我们的思想洞见却悠远而又深邃。

　　如果说《紧身胸衣》或许是把感觉的外延"拔高"了，那么，韩国小说《杏

---

① ［英］莎士比亚著《莎士比亚十四行诗》，梁宗岱译，人民文学出版社，2020 年，145 页。

② ［日］谷崎润一郎著《春琴抄》，赖明珠译，上海译文出版社，2016 年，14 页、56 页。

③ 语出帕维奇所撰小说《紧身胸衣》，参见［塞尔维亚］帕维奇著《鱼鳞帽艳史》，戴骢、陈寂译，上海译文出版社，2023 年，102 页。

仁》则又把感觉的外延"夯低"了。《杏仁》的主人公是一位患有"述情障碍"（alexithymia）的孩子，这孩子拥有五感无疑，但也仅仅是五感，他很难把"五感"引至"情绪"，尤其无法引至"恐惧"，更不擅于将之表达。所以，这孩子对什么都不害怕，或者更确切地说，对什么都"显得无动于衷"。这部情节凄恻的小说的"点睛之语"是："心是可以支配大脑的。"①读毕《杏仁》，我们不能不强烈地感受到：正常而自然的喜、怒、哀、惧，对于某一些人而言，竟会如此弥足珍贵，几乎遥不可及；而无论如何不同，多么迥异，亦总会有人愿意拥抱并挚爱你最真实的模样。

第二节　视觉与听觉

上文说到了智利诗人聂鲁达笔下的《康吉鳗杂烩颂》，这首诗不曾提及的一个感官是听觉。然而，对于听觉，本书却愿意多讲几句。

一般认为，听觉与视觉，是人类观察与接触大千世界最重要的两种方式。但在对听觉与视觉的认识上，人们往往容易陷入两个误区：一是把"视听"作为统一的方式来看待，很少注意去区分二者；二是往往倾向于得出一个想当然的结论，即视觉比听觉更重要。然而，本书却要认真提问：听觉真的不如视觉重要吗？听觉的重要性何在？

无妨，我们先来聆听美国作家利奥波德的自然文学经典之作——《沙乡年鉴》中的一段生动描绘：

> 在特别早的时候来到沼泽，纯粹是一种听觉上的冒险；耳朵在夜晚的喧嚷中随意游荡着，而且没有来自手或眼睛的阻挡和障碍。当你听到一只绿头鸭在津津有味地、响亮地咽着它的汤汁时，你就可以充分地想象那一幅在浮萍中大吃大喝的情景。②

① ［韩］孙元平著《杏仁》，谢雅玉译，民主与建设出版社，2019年，194页。
② ［美］奥尔多·利奥波德著《沙乡年鉴》，侯文蕙译，译林出版社，2019年，71页。

培根则说，完美的大同世界里，音乐大约必不可少，完全倚靠听觉：

> 我们还有音乐馆，在那里，我们做各种声音和发声的试验。我们有你
> 们所没有的四分音和较少滑音的和声。同样，各种各样的乐器也是你们从
> 未见过的，其中有一些比你们的乐器更柔和动听，还有优美的铿锵悦耳的
> 钟铃。①

听觉与视觉在我们生活中的重要作用难分高下，有些方面听觉比视觉的作
用更好。一个最简单的道理就是，人们可以长时间把眼睛闭上，却连须臾都不
可能把耳朵闭上，听觉可谓自然赋予人类自我保护的最重要的方式（自然界里
动物亦多是如此）。像是在古代，人们利用自己的感官来监控四野的情况时，
听觉往往比视觉奏效得多。因为，如果人们转而依赖于听觉，就可以监控一个
比视觉监控大许多的区域，并且这种监控可以在完全不考虑如黑暗、障碍物等
视觉困难的条件下进行，这就体现了听觉范围之广。

中国唐朝的诗人贾岛有句诗"鸟宿池边树，僧敲月下门"，据说诗人曾经
在"推"和"敲"这两个字的选择上大费周章。最终，贾岛还是觉得"敲"字
更妙，因为"敲"字在表现了动作的同时还表现出了声音，这个声音在黑黢黢
的夜色中显得尤其响亮。宋朝词人吴文英的名作《风入松》，上来第一句就是
"听风听雨过清明，愁草瘗花铭"。词人摹写对风雨的感觉，不用"看"字，却
用"听"字，当然是颇具匠心的。白天刮风下雨可以看见，夜晚则通常是听见
了。词人用"听"字说明了自己白天黑夜都关心着春天的消息。"人们可以听
的比看的多。"② 这个道理终归是不错的。地理学家段义孚也这样说过：

> 因我们平常对空间的体验是被听觉延展开的，听觉较视觉能提供更广

---

① ［英］弗·培根著《新大西岛》，何新译，商务印书馆，2012 年，38 页。与之类似的说法，参见［英］
托马斯·莫尔著《乌托邦》，戴镏龄译，商务印书馆，1982 年第 2 版，57 页、65 页。
② ［美］巴伦·李维斯、克利夫·纳斯著《媒体等同》，卢大川等译，复旦大学出版社，2001 年，
144 页。

阔世界的信息，所以失聪会导致空间感的收缩。①

听觉不仅比视觉的范围广，而且要求更"清晰"。在视觉方面，我们经常接触不清晰的图像，虽然感觉不清晰的图像没有清晰的图像好，但似乎还可以忍受。比如，看到一张不清晰的照片，心理上并没有难受的感觉。但在听觉方面，我们却难以忍受不清晰的声音，譬如广播或唱片中嘈杂的背景声音、口齿不清的人的吐字发音等。

除了上述谈到的两条——听觉比视觉的范围广、听觉比视觉要求更"清晰"，还有一条，即在一定的距离内，声音最能引起人们的注意，它"迫使"人们去听它。心理学上对这个问题有深入的研究，此处不再赘述。不过，即便依凭常识，我们也能理解这一点。在人群中找一个人就是这种情况——光凭眼睛搜寻太难了，喊上几嗓子，对方一答应，一下子就找到了！这是声音的功劳。当然，这其中也体现出了声音更易互动的特点。

举刚刚的那些例子无非是想证明，人类生活的自然状况是注重听觉不亚于视觉的。当然，人们一定也会论证说：视觉也不亚于听觉。事实上，视觉往往和听觉一道发挥作用。在这个意义上，强行分出哪个感觉更重要一些，其实没有意义，因为二者都重要，缺了哪个都不行。

我们普遍认为，倘若一个人自己活着，视觉也许的确更重要些，他静默地注视着外界，眨眨眼，点点头，也就足够了。可是，倘若一个人要和外界的人与事发生交流，要将自己融入外界环境之中，听觉的重要性就立刻显现出来。这个事实，不正好说明了，声音传播与听觉功能，乃是一件极其重要的事情吗？因为听觉的本质，原本就是为了传播与交流的。美国科学家、思想家维纳甚至明确说："在我们的工作中，我们总是记住某些事实。如前所述，其中的第一个事实是，听觉不仅仅是一个通讯器官，而且是一个其主要用途在于承担和他人建立交往的通讯器官。"②

---

① ［美］段义孚著《恋地情结》，志丞、刘苏译，商务印书馆，2018 年，11 页。
② ［美］N. 维纳著《人有人的用处——控制论和社会》，陈步译，商务印书馆，2011 年，150 页。

另一个值得讨论的原因是：人们重视听觉，乃是因为人们希望自己的情感被唤起。这已经牵涉到了潜意识研究的层面。人生的要义或曰真谛，在潜意识的层面，到底是怎样的？这里出现了两种截然不同的回答。如果回答是"希望自己的情感被唤起"，那么，很显然，静默地注视就不够了，因为人们需要和外界的人与事发生交流，需要毋宁说渴求被外界所刺激，甚至从中得到快感，听觉的重要性一下子就抬升起来了；但如果回答是"不希望自己的情感被唤起"，那么，听觉恐怕就未必那么重要了。然而，哪个回答才正确呢？并没有定论。我们只能说，有相当多的学者是持前者之观点的。英国学者斯多尔说："弗洛伊德的主要错误之一就在于，他误以为人类最渴望的东西是一种紧张解脱后的平静状态。"[1] 换句话说，斯多尔坚持申明自己的观点，认为人类的潜意识并没有将平静状态作为追求的目的，反倒是将勃发状态作为追求的目的。米塞斯的说法更为晦涩，但其基本倾向还是与斯多尔的观点保持了内在的一致性：

> 在一个人的心灵深处，也许也存在一种谋求纯粹植物生态性的安宁和静睦。但对于活着的人而言，这种向往终会被那个为改善自己的境况而行动的冲动所战胜。一旦淡漠的倾向占了上风，人也就行将就木了。[2]

那么，如果米塞斯、斯多尔所言确凿，也无非就是承认，人们希望自己的情感处于被唤起的状态；而一旦承认了这个命题，也就算是承认了听觉的重要性。

殊为有趣的是，在新闻传播学的研讨领域之内，当前已经开始了对"感官新闻"的讨论。有学者将其定义为"调动或激发用户身体感官参与的新闻"。[3]

---

[1] Anthony Storr, *Music and the Mind*, HarperCollins Publishers, 1992, p28.

[2] ［奥］路德维希·冯·米塞斯著《人的行动：关于经济学的论文》，余晖译，上海人民出版社，2013 年，905-906 页。

[3] 参见黄雅兰撰《感官新闻初探：数字新闻的媒介形态与研究路径创新》，载于《新闻界》2023年第 6 期。

继而，"感官新闻"是否等同于"新闻的感官主义"？"感官新闻"与"感官民族志"是何关系？五感研究，正方兴而未艾。

第三节　人类的植物起源

米塞斯关于"纯粹植物生态性的安宁和静睦"的提法，令我们不得不继而联想到了植物起源的问题。人类是万物的灵长，按说和植物是大不同的；但人类却难以割舍自己与植物的某种隐秘的联系，这种隐秘的联系，就巧妙地体现在了世界各地的上古神话故事之中。

《圣经》中提到，上帝"用地上的尘土造人"，而从土里生长出来的东西，其实原本应该是植物才对。中国的神话也有类似的说法——女娲造人，也是用土，而且是泥土，这不依然是象征着植物的出生吗？所有这些神话故事，其实昭示了同一件事：人类的土生起源。而土生起源，正与植物起源脉脉相通。

卷帙浩繁又珠玑满篇的《尤利西斯》也有一句话讲"每年他总给她一株苗壮的一年生植物"，[①] 其实就是指他与她年年生孩子。在人类的潜意识里，我们人类不仅仅是人，或者说动物，也有可能是植物，我们曾经是从土里面生长出来的。以色列青年历史学家赫拉利的《人类简史：从动物到上帝》有一段说辞讲得更加恰如其分：

> 历史上人类成就的几乎所有事情，第一步靠的都是将植物取得的太阳能转换为肌肉的力量。正因如此，人类历史在过去一直是由两大周期来主导：植物的生长周期，以及太阳能的变化周期（白天和黑夜，夏季和冬季）。阳光不足、谷物尚未成熟的时候，人类几乎没有能量可用。这时谷仓空空，收税员无事可做，士兵无力行军或打仗，各个国王也觉得以和为贵。但等到阳光充足、谷类成熟，农民的收获堆满了谷仓，收税员四处忙着收税，士兵频频操练、磨刀利剑，国王也召集大臣，计划下一场战事。这一切的

---

① ［爱尔兰］詹姆斯·乔伊斯著《尤利西斯》，萧乾、文洁若译，译林出版社，2010 年，192 页。

源头都是太阳能,这时已经取得并封装在小麦、稻米和马铃薯里了。①

　　人及人类文化、太阳及太阳能、植物尤其是谷物,这几样东西,乍看风马牛不相及,却竟然依着上述理路,亲亲密密地"汇合"在一起了。我们关注人类文化,就不可能不关注太阳,就不可能不关注植物。更进一步地,除了土生起源而外,植物的季节性荣枯也被人类所津津乐道,认为是对人类——无论是个体还是群体——命运的隐秘写照。不错,一年四季的循环中,既有艰难的时期,也有快乐的时期,悲喜交杂,它被描绘成了人类持续不断的生命轮回。生命轮回毕竟是抽象的,而对这种轮回的具象表达,或许正是那位屡遭危难的救世主——尽管他以许多不同的面目现身到世俗世界中,可是他的命运注定是一场悲剧,要不停地忍受磨难,最终走向死亡。英国历史学家汤因比曾郑重地告诉我们说,这位蒙难的神,其最古老的形式就是植物精灵,他在春天为人类而生,在秋天为人类而死。②英国文化人类学家爱德华·泰勒则说起过"植物的灵魂"的问题,却又不得不称此类问题委实过于暧昧。③英国作家、艺术家王尔德在童话《自私的巨人》里,更为巧妙地借用了"植物—救世主"的意象,④使得该篇童话充满了迷离而又纯净、悲怆而又温柔的奇妙氛围。

① ［以色列］尤瓦尔·赫拉利著《人类简史:从动物到上帝》,林俊宏译,中信出版社,2014年,328-329页。
② ［英］阿诺德·汤因比著《历史研究》(上、下),郭小凌等译,上海人民出版社,2010年,537页。
③ ［英］爱德华·泰勒著《原始文化:神话、哲学、宗教、语言、艺术和习俗发展之研究》,连树声译,广西师范大学出版社,2005年,389页。
④ 语出王尔德所撰童话《自私的巨人》,参见［英］王尔德《夜莺与玫瑰:王尔德童话全集》,王林译,译林出版社,2022年。

第二章　语言、文字与媒介

第一节　语言

进化论奠基人达尔文在作品《人类的由来》里提到，人之所以为人，大概因为人掌握了语言。[①] 所以，当我们说到人的传播行为与人类社会的传播现象，语言就成为讨论的重中之重。《伊索寓言》第 57 则，说了一个著名的故事：

> 据说率先被宙斯神造出来的是鸟兽。这些鸟兽有的被赋予力量，有的被赋予速度，还有的被安了一对翅膀。人被造出来时却赤条条一无所有，于是对神抱怨道："唯独我没有得到您的恩赐。"
>
> 宙斯回答说："你忽视了我赋予你的才能。按说受益最多的还是你，因为你会说话。语言禀赋使神和人无所不能，任凭鸟兽力气再大，速度再快，也只能甘拜下风。"
>
> 明白了语言禀赋的价值，人便怀着对神的敬畏和感激之情开始了生命之旅。[②]

《伊索寓言》的作者伊索是个相当诙谐的人。相传，伊索因为讲述"鹰和

---

① ［英］达尔文著《人类的由来》，潘光旦、胡寿文译，商务印书馆，1983 年，65 页、190 页。
② ［古希腊］伊索著《伊索寓言全集》，李汝仪译，译林出版社，2010 年，42-43 页。

屎壳郎"这条寓言而被认为亵渎神灵，竟被人推下悬崖摔死。当然，这大概是讹传。

就人类个体而言，"语言"大约与"思想"是同一回事。我们无法不经过"语言"而直接去"思想"，当然，不附着任何"思想"于其上的空洞"语言"大概也是不存在的。"思想不能没有语言而存在，这是普遍承认的真理。"① 苏联作家帕斯捷尔纳克的长篇小说《日瓦戈医生》中有一段名言：

> 语言，是美和思想的家乡和储藏所，它自己开始思考并替人说话，最后变成了音乐。这音乐并不是表面上我们听到的声响，而是我们内心汹涌的冲击和澎湃的思绪。②

然而，值得仔细咀嚼的是，文化研究学者爱德华·霍尔一度表示："不使用语词就不能思考的信念，尚有待证明。事实上，动物和人有许多不借助语词的大脑活动，这类例子比比皆是。"③——可爱德华·霍尔却未能举出像样的例子，这是他的疏漏。正相反，如果从动物的方面来予以观察，它们最大的苦恼大概就是不能使用语词，即无法说话，也无法形成系统的思考，这条传播鸿沟永远存在着。美国现实主义作家杰克·伦敦笔下曾有一段妙趣横生的"人狗"对话：

> 巴克被主人这样紧紧抱着，听他叽里咕噜地骂着，感到真是最最高兴的了。他每摇一下它的头，它便狂喜得心都要跳出来了一样。桑顿放开之后它一下站起来，嘴唇带着笑意，两眼意味深长，喉咙颤动着说不出话，这样一直呆在那里，此时约翰·桑顿就会虔敬地大声说："天哪，你差一

---

① ［意］克罗齐著《美学的理论》，田时纲译，中国人民大学出版社，2014 年，19 页。
② ［苏］帕斯捷尔纳克著《日瓦戈医生》，赵腾飞、曹文静译，江苏凤凰文艺出版社，2011 年，476 页。
③ ［美］爱德华·霍尔著《超越文化》，何道宽译，北京大学出版社，2010 年，151 页。

点就能说话了！"①

——很遗憾，这"差一点"终归还是差得远了一点儿。我们暂时还是从"人狗"对话回到"人人"对话来吧。如果说，就人类个体而言，语言即思想；那么，就人类群体而言，语言即文化。语言与文化的水乳关系无需多言。如果语言湮灭了，文化就会随即湮灭——无论其曾经如何辉煌而臻鼎盛。说得更通透一些，语言与文化本身就是一而二、二而一的东西，二者须臾不可分离，亦不能分离。法国小说《最后一课》讲到了这个事情，法语是法国文化的坚强堡垒，这是读者们早已耳熟能详的著名情节了。② 较为类似地，《罗马神话》里记载了天神朱庇特与天后朱诺的一段对话：

> 朱诺对朱庇特说："好吧，我把图尔努斯交付给他自己的命运，听凭你去发落吧，父亲。我只有一个条件：拉丁姆应该保留自己的名称，保留自己的语言和风俗习惯，特洛伊人可以融入拉丁民族中去，让我从此忘掉特洛伊的名字。"朱庇特深深地叹了口气，如释重负地回答说："就按你的建议行事。图尔努斯大限已到，埃涅阿斯却应该继续生活下去。特洛伊不再保持自己的语言和风俗。将来，这里行使罗马法律，听到的也只有拉丁语言！"③

特洛伊城为数不多的幸存者之一、维纳斯的儿子、英雄埃涅阿斯虽然活了下来，但是，特洛伊语言消逝了，特洛伊文化也就随之消逝了。拉丁语言蔚为大观，拉丁文化亦蔚为大观。

---

① ［美］杰克·伦敦著《野性的呼唤》，刘荣跃译，上海译文出版社，2020 年，109 页。
② 都德写道："当一个民族沦为奴隶时，只要它好好地保存着自己的语言，就好像掌握了打开监狱的钥匙。"参见［法］都德著《最后一课》，陈伟、李沁译，译林出版社，2019 年，3 页。
③ ［德］古斯塔夫·夏尔克著《罗马神话》，曹乃云译，译林出版社，2010 年，66-67 页。

插图 2-1：[法] 赤陶雕塑，《维纳斯伸手给埃涅阿斯》，作者 Jean Cornu，作品创作于 1704 年，藏于美国纽约大都会艺术博物馆。

诚然，如同法律、风俗、惯习一般，语言的出现亦必然源自人民群众切实生活的温润土壤，它绝非空中楼阁：

> 语言并不是学术界或是哲学家的产物。相反的，语言是历经时间的考验，经过一段相当冗长的时间酝酿的，是农夫、渔民、猎人、骑士等人所演进出来的。语言不是从图书馆里头产生的；而是从乡野故里、汪洋大海、涓涓河流、漫漫长夜，从黎明破晓中演进出来的。[①]

---

① [阿根廷] 博尔赫斯著《诗艺》，陈重仁译，上海译文出版社，2015 年，106-107 页。

艺术文论《金蔷薇》的说法几乎一致：

> 我们拥有一个主要的、永不枯竭的语言源泉——人民本身：农民、渡船的船夫、牧人、养蜂人、猎人、渔夫、老工人、护林巡查员、浮标看守人、手工业者、农村画家、手艺人以及一切饱经世故的人，他们不开口则已，一开口无不字字金石。[①]

由语言而生成的神话、传说、故事，也无不是生活的产物。譬如，普罗普在著作中考证过各种神奇故事的来源。且以埃及神话中的蛇妖为例，因为埃及农业灌溉主要靠尼罗河的"每年的季节性汛水"，"庄稼的收成不是依赖雨水"，[②] 埃及的人民群众在日常生活中对"下雨"这个现象事实上是比较陌生的，所以，埃及的蛇妖就普遍缺乏"行云布雨"的本领。相对照地，中国神话中的各路龙王（其实就是蛇的变体、蛇"羽化升仙"的形式、蛇与鸟的结合体）最大的本事就是"司雨"，因为中国一直以来都是一个倚靠"老天下雨"方可进行有效灌溉的农业大国。

插图 2-2：明思陵圣号碑，清代修建，北京市昌平区。碑身侧面的龙纹，非常引人注目。

这些"有趣"又"有料"的考证，给读者们带来的思想启发是巨大而深远的。毋宁说，"故事作为珍贵的文献，作为保留了从我们的意识中久已消失的文化现象的宝库，而重新展现在我们面前"。[③] 当代的儿童玄幻文学代表

---

① ［俄］康·帕乌斯托夫斯基著《金蔷薇》，戴聪译，上海译文出版社，2010 年，107 页。
② ［俄］普罗普著《神奇故事的历史根源》，贾放译，北京联合出版公司，2022 年，400 页。
③ ［俄］普罗普著《神奇故事的历史根源》，贾放译，北京联合出版公司，2022 年，415 页。

作——《哈利·波特》系列小说，也是这方面的一个例子，诸如"分院帽""伏地魔""火焰杯""天狼星"等，均有可溯洄的历史根源。[①] 古今文学，皆是此理。

插图 2-3 :［柬埔寨］吴哥窟外墙入口处的多头蛇妖雕塑，此蛇妖一般名唤"纳迦"。蛇头的数量亦不完全确定，此尊雕塑是七头蛇妖。位于柬埔寨暹粒市吴哥窟。

插图 2-4 :［泰国］曼谷最大室内购物商场"暹罗天地"正门口竖立着的巨大蛇形灯饰。位于泰国曼谷湄南河畔。

第二节　文字

如果说，语言基本上可算是一种听觉符号的话，那么，文字基本就是一种"被改变了的语言形式"，它使听觉符号转变为视觉符号。文字的出现是人类进入文明社会的标志。甚至，在研究民族主义、国际关系的专家本尼迪克特·安德森等学者看来，文字的出现，再叠加上印刷术的后期普及，才最终导致了现代民族的"诞生"。本尼迪克特·安德森在其代表作《想象的共同体：民族主义的起源与散布》中讲：

---

① 参见［法］布里多诺著《哈利·波特与历史》，赵飒译，中译出版社，2022 年。

我们可以从截至目前为止的论证中扼要地总结说，资本主义、印刷科技与人类语言宿命的多样性这三者的重合，使得一个新形式的想象的共同体成为可能，而自其基本形态观之，这种新的共同体实已为现代民族的登场预先搭好了舞台。这些共同体可能的延伸范围在本质上是有限的，并且这一可能的延伸范围和既有的政治疆界（大体上标志了王朝对外扩张的最高峰）之间的关系完全是偶然的。①

与本尼迪克特·安德森相仿佛，西方马克思主义学者伊格尔顿的观点有类似之处：

> 区分声音与文字的做法早在古代社会就已出现，前者关乎修辞，后者关乎语法。只是在文艺复兴时期，在印刷术诞生之后，修辞才全部应用到书面文本上。②

修辞学传统一般被认为是传播学研究的七个传统之一，而且是较为早出的一个传统。③根据伊格尔顿的讲法，我们又似乎可以得到一个有趣的推论：虽然传播现象与传播活动伴随人类始终，但传播学的出现，至早也绝不会早于印刷术的发明。

在欧洲，六个主要的欧洲国家（意、西、葡、德、法、英）经过文艺复兴运动，自然形成了各自的标准文字，奠定了规模化新闻传播的文字基础。我们

---

① ［美］本尼迪克特·安德森著《想象的共同体：民族主义的起源与散布》，吴叡人译，上海人民出版社，2016年，45页。尤其类似地，伊尼斯认为，15世纪以来印刷媒介传播的迅猛发展扼杀了口头传播的传统，使相当一部分传播活动私密化，造成了价值的相对观念，使权威从教会移向国家，助长了民族主义的高涨。参见［美］威尔伯·施拉姆、威廉·波特著《传播学概论》，何道宽译，中国人民大学出版社，2010年，127页。

② ［英］特里·伊格尔顿著《沃尔特·本雅明或走向革命批评》，郭国良、陆汉臻译，译林出版社，2005年，139页。

③ 关于传播学研究的七个传统，参见［美］斯蒂芬·李特约翰著《人类传播理论》，史安斌译，清华大学出版社，2004年，15-16页。它们分别是：修辞学传统、符号学传统、现象学传统、控制论传统、社会心理学传统、社会文化传统、批判理论传统。

必须颔首承认，有了规模化新闻传播，传播学才有了其得以诞生的社会土壤。而在上述六个主要的欧洲国家之中，标准文字发展相对更早一些的，要数意大利。意大利彼时的主要文学家是但丁与薄伽丘。①

插图 2-5：[法] 青铜雕塑《但丁与维吉尔》，作者 H. de Triqueti，作品创作于 1861 年，藏于美国波士顿艺术博物馆。但丁手中握一卷轴，上书一句箴言："他追寻自由，唯此最珍贵。"（原文：Liberta va cercando ch'e si cara；英译：He goes seeking freedom which is so dear.）

但丁的代表作是《神曲》，笔法灵活摇曳，充满生机，甚至还夹杂着自然科学与社会科学的内容，可谓"包罗万象"。譬如《神曲·地狱篇》第 24 首曾这样写道：

> 在这新春伊始的一年的这段时期，
> 宝瓶座上的太阳光辉照射得越来越暖，
> 黑夜则已走向一天的一半，

---

① 黎巴嫩诗人纪伯伦曾经如此赞叹着说："新的意大利语原是中世纪的一种方言，上流社会称之为'下流人'的语言。可是，当但丁、彼得拉克、卡蒙斯和弗朗西斯·达席齐用之写成长诗及不朽的二重奏韵诗时，那种方言就变成了标准意大利语。"参见 [黎巴嫩] 纪伯伦著《纪伯伦散文诗经典》，李唯中译，译林出版社，2019 年，255 页。

　　这时，大地上的寒霜
　　在描摹她那雪白的姊妹的形象，
　　但她那笔锋却不能延续久长。①

　　很明显，"一天的一半"是指春分节气，因为在那一天，地球上的白昼与黑夜各占 12 小时。"宝瓶座上的太阳光"当然就是指太阳在宝瓶宫中穿行。但丁的意思是说，太阳在宝瓶座穿行之时，已经逐步"走向"春分，即 3 月 21 日了。《神曲·天堂篇》第十首也有类似的意蕴：

　　你可以看到，那携带众星宿的斜圈
　　如何从那里分道扬镳，
　　为的是满足召唤这些星宿的世人的需要。
　　因为倘若这些星宿的道路不是那么弯曲，
　　天上的许多能力就会变为徒劳无益，
　　下面尘世的几乎所有潜能也会成为一片死气……②

　　另一位意大利文豪是薄伽丘。薄伽丘的代表作是《十日谈》。《十日谈》的主要功绩在于彰显了"人文主义"的可贵价值。《十日谈》的第二天第二则故事，讲了这样一个小小情节，已见气象万千：

　　她紧紧搂着他，吻啊吻的，吻了何止千次，也让他回吻了上千遍。③

　　"吻"与"回吻"该如何区别？这不活脱脱又是一个触觉研究的好例子吗？第二天第六则故事又讲：

① ［意］但丁著《神曲·地狱篇》，黄文捷译，译林出版社，2005 年，220 页。
② ［意］但丁著《神曲·天堂篇》，黄文捷译，译林出版社，2011 年，124-125 页。
③ ［意］薄伽丘著《十日谈》，钱鸿嘉等译，译林出版社，2010 年，75 页。

如果说，用世俗的眼光来看，我过去做出了对不起她的事，那么，我的罪是同青春年少有关，要消灭这罪恶，那就得消灭人类的青春年少。[①]

所谓人文主义，就是主张以人为中心、一切为了人的权利的思潮，它和封建文化、宗教神学是针锋相对的。薄伽丘讲述的所有故事其实都有同样的旨归：宗教桎梏之下所谓的"人之罪"，同"人"本身有关，企图消灭"人之罪"，就等同于干脆消灭了"人"。

说到此处，还有一个延展的话题值得一提。语言与文字的成型、普及，逐渐使读书、写字成为人类生活中的一项重要事务。然而，并不是所有人都有资格或曰都被准许来读书、写字——写书出书自然更不行。出版自由这个问题开始提上议事日程，浮现于历史的视野之中。一般认为，"出版自由"提出的背景恰恰是：欧洲长期存在宗教裁判所和世俗王权的书报检查制度。在反对书报检查制度的斗争中，得以提出一个对立的理念——freedom(liberty) of the press（出版自由），这是人类精神文明发展的一个里程碑。

最早的关乎"出版自由"的文献，一般上溯到 1644 年出版的《阿留帕几底卡》（*Areopagitica*），作者是英国诗人、政论家、民主斗士弥尔顿。通过对书报检查制度的批判，弥尔顿得出一个基本观点：在多元的信息中认识真理。后人对弥尔顿的观点普遍认同，譬如英国湖畔诗人是如此褒扬与称颂的：

> 弥尔顿！今天，你应该活在世上：
> 英国需要你！她成了死水污池：
> 教会，弄笔的文人，仗剑的武士，
> 千家万户，豪门的秀阁华堂，
> 断送了内心的安恬——古老的风尚；
> 世风日下，我们都汲汲营私；
> 哦！回来吧，快来把我们扶持，

---

① ［意］薄伽丘著《十日谈》，钱鸿嘉等译，译林出版社，2010 年，106-107 页。

> 给我们良风，美德，自由，力量！
>
> 你的精魂像遥空独照的星辰；
>
> 你的声音像壮阔雄浑的大海；
>
> 纯净如无云的天宇，雍容，自在，
>
> 你在人生的寻常路途上行进，
>
> 怀着愉悦的虔诚；你的心也肯
>
> 把最为低下的职责引为己任。①

值得反复玩味的是，弥尔顿自己的政治学思想与他自己的文学创作，二者之间也是互相照临、互相映衬的。弥尔顿的长诗《失乐园》第二卷细致描写了魔王撒旦和他的天使们就是否发动战争而进行的激烈辩论。撒旦并未因自己的显赫权势而禁止旁人发言，反倒听其所论、乐其所闻，甚至坦荡地对大家伙儿说："伙伴们，如果站在公共利益这样的重大关头，借口困难或危险可能阻止我挺身一试，从而无所进言，无所判断，那么，我就将不配坐在这一流光溢彩的宝座上面。"②——长诗《失乐园》的文学意蕴确乎从侧面反映出了自由辩论之美。诚然，随着历史的变迁，关于弥尔顿其人其事的更多考证不断涌现，弥尔顿这位"先行者"的思想是值得当代学者再行细致研究的重要课题。③

弥尔顿开创的伟大传统，启发了后世的伟大人物与伟大作品。尤其重要的，诸如马克思《第六届莱茵省议会的辩论——关于新闻出版自由和公布等级会议辩论情况的辩论》、密尔《论自由》、伯林《自由论》④ 等，这些都是读者们耳熟能详的了。《自由论》里曾有这样的鲜明论断，振聋而发聩：

---

① ［英］华兹华斯、柯尔律治著《华兹华斯／柯尔律治诗选》，杨德豫译，人民文学出版社，2001 年，210 页。

② ［英］弥尔顿著《失乐园》，刘捷译，上海译文出版社，2012 年，63 页。

③ 参见［美］约翰·C.尼罗等著《最后的权利：重议〈报刊的四种理论〉》，周翔译，汕头大学出版社，2008 年，167 页。复可参见［英］约翰·基恩著《媒体与民主》，邬继红、刘士军译，社会科学文献出版社，2003 年，12 页。

④ 参见［英］以赛亚·伯林著《自由论》，胡传胜译，译林出版社，2011 年。

多样性是人类的类本质，而不是行将逝去的状态。这个观点的拥护者认为，毁灭这种权利以建立一种普遍的、自我导向的人类社会——一个所有人向着同一目标进军的社会——将摧毁个人选择的领域；而这一领域，不管多么狭窄，一旦失去，生命亦不再有价值。①

第三节　麦克卢汉的媒介理论

既然说到了语言与文字，那么，口头表达与文字书写的参照问题就立时浮现出来了。柏拉图曾经说过一段话，认为文字书写似乎总有点儿"不妥"，他讲：

> 文字写作有一个坏处在这里，斐德若，在这一点上它很像图画。图画所描写的人物站在你面前，好像是活的，但是等到人们向他们提出问题，他们却板着尊严的面孔，一言不发。写的文章也是如此。你可以相信文字好像有知觉在说话，但是等你想向它们请教，请它们把某句所说的话解释明白一点，它们却只能复述原来的那同一套话。还有一层，一篇文章写出来之后，就一手传一手，传到能懂的人们，也传到不能懂的人们，它自己不知道它的话应该向谁说，和不应该向谁说。如果它遭到误解或虐待，总得要它的作者来援助；它自己一个人却无力辩护自己，也无力保卫自己。②

无独有偶，中国与希腊在这个问题上有着令人惊讶的一致性。孔子也更为倾向于"述而不作"的教学法，毋宁说，孔子也同样认为文字书写貌似"不妥"。结果是，中国与希腊，这两个古老国度均没有唯一的书写宗教。

然而，同样是这个问题——口头表达与文字书写的参照问题，如果在美国散文家梭罗看来，文字尤胜一筹。梭罗赞叹说：

① ［英］以赛亚·伯林著《自由论》，胡传胜译，译林出版社，2011 年，292 页。
② ［古希腊］柏拉图著《斐德若篇》，朱光潜译，商务印书馆，2018 年，75 页。

不管我们多么赞赏演说家那种脱口而出的雄辩之才，最崇高的书面词语通常都远远地隐藏在瞬间即逝的口语背后，或在它之上，正如繁星点点的太空隐藏在浮云后面一样。①

——无论如何，在传播学的视域之内，媒介的问题已经不能视而不见了。这里有两位学者的思想非常重要，一位是麦克卢汉（McLuhan），一位是萨丕尔（Sapir）。这二位学者的核心意思其实是反复重申了媒介与文化的水乳关系。

麦克卢汉的精妙讲法，搭建起了一个颇引人入胜的理论体系，他的目的或许是想赋予媒介以崭新的"生命"，而这个理论所要展现给我们的，正是一幅特别耐人寻味的生活图景：媒介模式塑造文化模式。麦克卢汉的名言是：

唯有使用拼音文字的文化，才掌握了作为心理和社会组织普遍形式的、连续性的线性序列。将各种经验分解为整齐划一的单位，以产生更快的行动和形态变化（应用知识），始终是西方的力量既驾驭人又驾驭自然的秘密。②

在麦克卢汉看来，恰恰因为拼音文字是一种线性序列的文字，所以，掌握了这种文字的人方才能够掌握一种线性序列的社会组织形式，从而发展出一种崇尚线性序列的文化。线性序列文化的一个显著特点就是"讲效率"，这大概亦是麦克卢汉所称"更快的行动"的意思。然而，"讲效率"不过是一个特点罢了，它本身其实是中立的，很难说它一定是"必须的"。就以高校食堂里的

① ［美］梭罗著《瓦尔登湖》，许崇信、林本椿译，译林出版社，2011年，73页。
② ［加］马歇尔·麦克卢汉著《理解媒介——论人的延伸》，何道宽译，商务印书馆，2000年，122页。十分类似，施拉姆讲过这样的话："世界文字的基本分野是符号－音节文字和语词－表意文字。音节文字大概起源于中东的'肥沃新月'地区，传播到西方世界；表意文字起源于东亚，遍及中国、日本和其他亚洲国家。这两种文字的分野似乎反映了文化差异，至少我们能作这样的猜想。音节文字一音一符，学习、使用容易，变化也容易，很可能表现了西方对变革和增长的关怀。相反，表意文字是一词一符……这种文字和寻求稳定及历史感有关系。"参见［美］威尔伯·施拉姆、威廉·波特著《传播学概论》，何道宽译，中国人民大学出版社，2010年，12页。

早餐排队打饭为例吧！为什么打饭要排队呢？其实就是为了效率，因为早晨时间紧张，只有排队打饭才是更快的。可是，是不是所有场合都要求更快呢？也不尽然。譬如说天津的一些包子铺的平日状态，尤其在非上下班高峰的时光里：买包子的食客基本都不排队，包子新出笼，食客们一哄而上，喧闹的哄抢代替了静默的排队。有趣的是，无论是食客还是店家，都对这种"抢包子"的购买方式习以为常亦喜闻乐见，仿佛这才是生活应有的样子——悠闲而又热烈，执着而又诙谐。说得更学术一些，中国文化其实从底里上说根本不是一种线性序列文化；相反，它其实是非常鲜明地渴慕着能够从线性序列里挣脱与解放出来的一种文化。大家只需细致想想中国话里有没有"时态"，就能明白这个道理了。

阿根廷名作《小径分岔的花园》貌似也有这方面的幽微暗示：一位中国古代文学家精心设计了一个文学迷宫，其要义就是力图从线性序列里挣脱出来，因此"主人公在第三回里死了，第四回里又活了过来"。[①]"花园"指小说（或具体的文学作品）本身，也就是所谓的"迷宫"；"小径分岔"则是指时间上的（而绝不仅仅是空间上的）非线性——脉络发展枝蔓错综，情节衍绎花叶纷披。值得反复玩味的是，在《小径分岔的花园》里，迷宫恰恰是中国文学家建造而成的。博尔赫斯是不是希望以此暗示，中国文化确乎是一种崇尚非线性序列的东方文化呢？

——且让我们从天津包子与花园小径再回到麦克卢汉！

麦克卢汉的各种妙论比比皆是，关于中西方文化比较，他曾这样分析："禅宗的艺术和诗歌凭借间歇的方式使人卷入其间，而不是凭借连接的方式，按视觉形象来组织的西方世界却采用连接的方式。在东方艺术中，观赏人自己就成了艺术家，因为他必须靠自己去提供一切使艺术连成一体的细节。"[②]他又说："拼音文字只是延伸视觉的技术。与此对比而言，一切非拼音文字却是艺术形态，它们保留着许多感知和谐的因素。唯有拼音文字，才具有分离和切割感官的力量，才具有蜕尽语意复杂性的力量。"[③]

---

① ［阿根廷］博尔赫斯著《小径分岔的花园》，王永年译，上海译文出版社，2015年，92页。
② ［加］马歇尔·麦克卢汉著《理解媒介——论人的延伸》，何道宽译，商务印书馆，2000年，25页。
③ ［加］马歇尔·麦克卢汉著《理解媒介——论人的延伸》，何道宽译，商务印书馆，2000年，411页。

麦克卢汉的论说令人眼前一亮，它突出了媒介的重要性与先决性；然而，其论点亦有一个呼之欲出的反题，即，焉知不是文化模式塑造媒介模式？或者，用最俗气却也最形象的话质问：到底先有鸡还是先有鸡蛋？麦克卢汉的核心观点就是讲某种独特的媒介模式如何塑造了某种独特的文化模式，但倘若说线性序列文化是由作为媒介的拼音文字所塑造成型的，那么，我们有理由追问一句：拼音文字如何形成？难道拼音文字不是某些持线性序列思维人士头脑之中的产物吗？换句话说，媒介模式或许并没有塑造文化模式的能力，也谈不上塑造人们的感觉结构，相反，如此这般的媒介模式被设计和被采用，其目的恰恰是契合与激活人们已经拥有的文化模式与感觉结构。任何传播媒介模式的成功，都依赖于对预先存在的人类感觉能力的正确理解与有效运用。美国哲学家诺埃尔·卡洛尔对此有深刻而全面的论述，他坚定地说道："麦克卢汉……声称，传播媒介是所有社会现象的决定因素，其实，它们至多是其必要的背景性诱发条件。"[1]

麦克卢汉自己还讲过这样一句话，被引用频率极高：

> 所谓媒介即是信息，只不过是说：任何媒介（即人的任何延伸）对个人和社会的任何影响，都是由于新的尺度产生的；我们的任何一种延伸（或曰任何一种新的技术），都要在我们的事务中引进一种新的尺度。[2]

这句话在当下读来显然具有别样的意义。麦克卢汉特别强调任何一种媒介技术都引进了新的尺度，但"引进"是什么意思？引进，真的能够成功吗？答案当然是不确定的。麦克卢汉或许很希望论证出这样的"确定"来，但与其说他成功了，不如说他失败了。他的后继者们——如美国学者利文森[3]——的相关著作，更加突出了这种不确定性。

---

① ［美］诺埃尔·卡洛尔著《大众艺术哲学论纲》，严忠志译，商务印书馆，2010 年，231 页。
② ［加］马歇尔·麦克卢汉著《理解媒介——论人的延伸》，何道宽译，商务印书馆，2000 年，33 页。
③ 参见［美］保罗·利文森著《软边缘——信息革命的历史与未来》，熊澄宇等译，清华大学出版社，2002 年。

在利文森的眼里，技术发展固然关键，但人类生活的纯然状态也并非不关键。能够适合纯然状态的技术发展才是切合时宜的发展，否则难免沦为"背道而驰"。一个典型例子是"默片"（或曰"无声电影"）技术，这种技术制造了一种并非纯然的奇怪状态：只看而不听。不难想见，从未把耳朵关上过的人类是如何迅速而决绝地抛弃了"默片"（或曰"无声电影"）技术的。不消说，如果我们认为麦克卢汉的观点带有技术决定论的色彩，那么，利文森的观点分明是把技术决定论试图拉回折中。

QQ 与微信的若干区别，在这些技术处于萌芽的时候，也存在这样的情况。QQ——最早期叫作 OICQ 通信——的一个显著特点是，它注重区分"在线"与"非在线"，在线的好友头像是彩色的，非在线的好友头像是灰色的。微信则与之不同，从其设计之初就压根儿没打算区分什么"在线"与"非在线"。果然，随着技术的日趋发展，微信的使用之广泛远远超越了 QQ。为什么会如此呢？以利文森的思路来讲，原因即在于：微信的技术模式更符合人类生活的纯然状态，因为人类的日常生活本来应该是连贯、融洽、直面、滑润的，而并不会刻意区分非此即彼的二元状态。

第四节　萨丕尔 - 沃尔夫假说

此时此刻，萨丕尔 - 沃尔夫假说（Sapir-Whorf hypothesis），作为一个更早期的理论，已然依稀浮现于我们的视野之内。"萨丕尔 - 沃尔夫假说"是美国语言学家萨丕尔（Sapir）和沃尔夫（Whorf）两人在对"语言与文化之间关系"问题的讨论之上建构起来的一种学术观点。他们的著名论文发表于 20 世纪 30 年代，文章的核心思想大体上可以从两方面去理解：一是"语言决定论"，二是"语言相对论"。

所谓"语言决定论"，是说语言的结构与形式规定并控制着人们的思想和文化规范。"思想是天空之鸟，在语言的樊笼里能够展翅，但却不能飞。"[①] 因

---

① ［黎巴嫩］纪伯伦著《纪伯伦散文诗经典》，李唯中译，译林出版社，2019 年，324 页。

为每一个人并非生活在一个完整广延、无所不包的世界之中，而是生活在其语言所允许他了解的那一小部分世界之中。每个人所了解的世界在很大程度上已经被其语言先验地设定了。换句话说，语言的区别即是不同文化之不同世界观的区别。所谓"语言相对论"，是指语言提供了某种概念的分类，这种分类对持该语言的人如何认识世界的信息编码方式和知识储存方式必然产生影响。①

萨丕尔曾这样论述说：

> 人类并不是孤立地生活在客观世界上，也不是像人们通常理解的那样孤立地生活在社会活动的世界上，相反，他们完全受已成为表达他们的社会之媒介的特定语言所支配。……事实上，"现实世界"在很大程度上是建立在团体的语言习惯之上的。决没有两种语言在表现同一个社会现实时是被视为完全相同的……我们确实可以看到、听到和体验到许许多多的东西，但这是因为我们这个社团的语言习惯预先给了我们解释世界的一些选择。②

人们常以爱斯基摩人的语言作为例子。在爱斯基摩人的语言中有大量的独立词汇，用来分别指称不同类型的雪。我们很难想见，在他们的实际生活中，雪究竟是以怎样的形式出现在他们眼前的。但可以肯定的是，雪的多姿多彩、千变万化及其与爱斯基摩人生活的密切关系，是我们这些与"雪"偶尔"邂逅"的民族所从未体验和考虑过的。爱斯基摩人的语言中还常常用"如果"代替"当……时"以表示将来的时态。譬如我们说"当我出门时""当我回来时"，爱斯基摩人的语言表达是"如果我出门时""如果我回来时"。稍加揣摩，不难体会到"如果"比"当……时"的确定性低得多。③可见，爱斯基摩人偏向使

① Fred E. Jandt, *Intercultural Communication: An Introduction*, 3rd ed, Sage Publications, Inc, 2001, pp.136-137.

② 转引自［英］特伦斯·霍克斯著《结构主义和符号学》，瞿铁鹏译，上海译文出版社，1997年，23页。

③ Fred E. Jandt, *Intercultural Communication: An Introduction*, 3rd ed, Sage Publications, Inc, 2001, p.139.

用对未来确定性低的词汇。究其原因恐怕是，爱斯基摩人生活环境的恶劣使他们无时无刻不感受到自身生命的脆弱与易逝。而反过来，很自然地，这种语言的使用，又不断增强着爱斯基摩人这样的世界观：世界不可预测、难以控制。

无妨再举一个当代文学的典例。海明威的长篇小说《太阳照常升起》里曾有一段对西班牙斗牛文化的精彩叙述。一位名叫罗梅罗的斗牛士与一位名叫勃莱特的女士彼此攀谈：

> "你英语说得不错。"
>
> "是的，"他说。"有时候说得相当好。但是我不能让别人知道。一名斗牛士说英语是非常不得体的。"
>
> "为什么？"勃莱特问。
>
> "很不得体。老百姓会不满意的。现在还不行。"
>
> "为什么不行？"
>
> "他们会不满意的。那样就不像斗牛士了。"①

斗牛文化必须与西班牙语交相辉映才算对路，而一个斗牛士如果操一口英语，感觉就格外不对味了，"那样就不像斗牛士了"。毋宁说，bull-fight 这个英文词汇其实是对西班牙"斗牛"的一种曲解与误译。西班牙语词汇"corrida"更加凸显了牛群的奔腾与疾驰，这纯粹是一种自然而然的、狂野不羁的力量的体现。② 或者说，"corrida"更加突出了牛与人之间的"主体间性"，而并不是把牛仅仅作为一个被击败、被狙杀的"客体"来看待与感受的。

---

① ［美］海明威著《太阳照常升起》，赵静男译，上海译文出版社，2020 年，234 页。

② 另一个明显带有同样词根的单词是 cogida，这个词也是斗牛术语，指的是斗牛士被牛用坚硬的牛角掷起又掷出去。有译者将其翻译为"摔"。但注意，这里的"摔"指的是牛摔人而不是人摔牛。参见［西班牙］洛尔迦著《船在海上，马在山中：洛尔迦诗集》，戴望舒译，云南人民出版社，2020 年，83 页。洛尔迦写了名为《伊涅修·桑契斯·梅希亚斯挽歌》的长诗，纪念斗牛士伊涅修·桑契斯·梅希亚斯，这位斗牛士——他是洛尔迦的好友——在斗牛场上被牛摔死。

插图 2-6：海明威故居，位于美国芝加哥市附近的橡树镇。

　　另一个距离眼下更近的文学好例是中篇科幻小说《你一生的故事》，小说里的主人公是一位语言学家。[①]《你一生的故事》几乎就是萨丕尔 - 沃尔夫假说的文艺翻版，只不过披上了科幻的朦胧外衣。根据这部小说还改编出了一部名唤《降临》（*Arrival*）的电影。

　　不错，我们必须予以承认，语言和文化的关系看来是极其复杂的。当然，这也就再次证明了一个认识的真确性：媒介与文化的水乳关系，即使我们无法断定究竟孰因孰果。更何况，据萨丕尔所说，作为媒介的语言，独自"顺着历史先例给它规定的渠道无情地向前流"；而地理、政治、经济等其他各种因素则在文化的不断跨越与交融中不断变化着，因而，这些"其他各种因素"就会成为有力地反抗语言的拉平趋势的力量，结果是"共同语言也就不能无限期地作为共同文化的印证"。[②]

　　不能过高估计或过低估计媒介的力量，即不能过高估计或过低估计媒介对文化的形塑力量，而应该始终保持冷静、客观、缜密的眼光，实事求是地对媒

① 参见［美］特德·姜著《你一生的故事》，李克勤等译，译林出版社，2019 年。
② 以上几句萨丕尔的零散引文，均引自［美］萨丕尔著《语言论——言语研究导论》，陆卓元译，商务印书馆，1985 年，192-197 页。

介与文化的关系问题做出审慎判断——这恐怕正是在媒介技术迅猛发展的狂飙时代里我们所应拥有的情怀与立场。刘宏宇、张怡然二位学者的论断是高屋建瓴的，作为本章之收束，再合适不过：

> 如果那时再来回溯这整段文明历程，可以看到仿佛带有天命一般从万物中忽然脱颖而出的人类，从刀耕火种时期的喧嚣无序信息环境开始，执着地设计各种越来越精巧复杂的媒介系统来改造和重构世界，最终却又在功成身退时悄然融入浩瀚信息宇宙中，难道这就是人类所肩负文明使命的内在实质吗？[①]

——大数据、区块链、元宇宙等风行天下的此刻，我们难道不该回望自身而再思自我吗？

---

① 刘宏宇、张怡然撰《虚拟媒介观开启的媒介人类学研究进路》，载于《当代传播》2021年第4期。

第三章　传播的基本概念

第一节　传播

传播是什么呢？这个问题提得很简洁，但同时也很复杂。学者们对"传播"有各式各样的定义，没有统一的答案。无论如何，交流、互动、共享，这些应该是"传播"这个概念的题中应有之意。英国浪漫主义诗人济慈有句诗歌是这么说的：

> 可是，若没有跟你的思想交流，
> 天空和海洋的奇迹于我何有？①

的的确确，如果没有人与人的交流，天空再绚烂，与我何干？海洋再浩瀚，又与我何干？在人类的一般生活世界里，天空的绚烂，海洋的浩瀚，只因为是被附着在了人类之思想交流以后，才有了具体而切实的意义。于普通人而言，重要的并不是景色有多美，而是究竟能与何人共同分享与见证如此美丽的景色。在葡萄牙诗人佩索阿的笔下，邂逅的街角与浩渺的大海几乎是同一件事：

> 她快步走来，风姿迷人，
> 从容地展露出一个微笑。

---

① ［英］济慈著《济慈诗选》，屠岸译，人民文学出版社，1997年，49页。

我用头脑去感觉，即刻
把一首贴切的诗写成。

我在诗中没有写到她，
没有写一个成熟的少女
如何拐过那个街角，
那个永远在那里的街角……

我在诗中写的是大海，
主题是浪花和伤怀。
重读这首诗我会想起
那个无情的街角——还有大海。①

　　法国长篇小说《茶花女》里也有非常真挚的表达。人们是多么渴望对方的即时回应啊！《茶花女》说的当然是笔墨回信，而这与当下人们在微信使用过程中由衷希望对方"秒回"亦是一理——恰巧微信这类软件也被定义为"即时通信软件"：

　　　　像有些心中有所期待的人一样，我也有一种迷信的想法，认为只要我出去一会儿，回来时就会看到回信。因为人们焦急地等待着的回信总是在收信人不在家的时候送到的。②

　　可是，值得玩味的是，在传播学中，"传播"这两个字本身反倒容易导致一个思想误区，以为传播是单向的，这牵扯到了中英文翻译的问题。传播的直译英文是 communication，communication 这个词在印欧语系的文字中源于古希腊的两个词根：一个是 com，指与别人建立一种关系；另一个是 munus，指效

———————————
①　［葡］佩索阿著《我的心迟到了：佩索阿情诗》，姚风译，浙江文艺出版社，2020 年，50 页。
②　［法］小仲马著《茶花女》，王振孙译，人民文学出版社，1980 年，118 页。

用、产品、作品、利益、服务等。两个词根一旦合起来，交流、互动、共享的意味就十分明显了。也就是说，将 communication 这个词翻译为"传播"或许是有瑕疵的，翻译为"交流"会更贴切一些。

学者刘海龙认为，与其纠结于传播的定义，不如研究传播的话语。① 在刘海龙看来，传播有六种话语，都是尤其值得关注的。

表 3-1："传播"的六种话语

传播是什么？	主要内涵	主要优点	主要缺点
传播是传递	信息像水流一样，从甲地移动（或被搬运）到乙地	一目了然，符合一般常识	过度简单化和单维度的理解
传播是控制	合目的性的思想扩散	受到了科学主义的控制论观念的推动	具有强烈的工具理性倾向从而影响了传播过程的平衡性
传播是游戏	其目的是取得参与传播而产生的愉悦和快感	关注非功利性的自发和主动的传播行为	游戏特质仅代表传播活动的一小部分特征，而绝非全部
传播是权力	一种潜移默化的影响，尤指语言（文化）所带来的影响	将传播的若干问题与文化紧密相连，从而将阐释导向深入	或许存在过度阐释的嫌疑
传播是撒播	传者丝毫不能左右受众的选择与评价	核心是取消了传播过程中的不平等性	可能导向无政府主义和事实上解读的不可能性
传播是互动	强调传播活动的一体性，个体只有相互联结才能完成传播	不能从功利主义角度来片面理解传播中的个体间关系	具有一定的甚至浓厚的理想主义（乌托邦）色彩

在上述六种话语之中，前三种相对而言比较容易理解。后三种相对复杂一些。

第四种话语强调某种潜移默化的文化影响。习以为常、习焉不察的语言，恰恰深刻影响了每个人的认知与态度。就以"新闻传播学"这个说法为例——为什么是"新闻传播学"而不是"传播新闻学"呢？其原因或许在于：新闻学

① 参见刘海龙著《大众传播理论：范式与流派》，中国人民大学出版社，2008 年。

称得上是土生土长的学问，传播学则纯粹是舶来品。舶来品当然被放在"后面"了。至于"妇孺皆知"这样的成语，则暗暗折射出了男权对女权的压迫。因为，女性的智力水平被降低到了孩童的水平。耳熟能详的"朋友圈"这个提法，是中文语境中的典型语言，而其在英文语境里的直译是"moments"（须臾时刻）。不能不说，"朋友圈"突出了一种集体主义的倾向，强调人与人之间的关系，甚至带有"差序格局"①的伦理味道；而"moments"突出的是个人主义，它几乎全然是"个人化"的，凸显个人判断，强调我行我素。——语言的潜在影响，确实是既深邃又广赅的。

　　后两种话语，均聚焦于一个问题：传者与受众的关系。当然，这里的受众也可以被具体地理解为特定场景下的听众、观众、读者、阅听人等。其基本观点就是：受众的重要性不可低估。就以阅读文学作品为例来说吧！一般的看法是，作者总要天然地高于读者，读者是被作者"牵着鼻子走"的。但是，事实上却并非如此。或许，倘若我们能够持有一种更为平等的视角，反倒更贴合实际情况。传播话语研究的目的之一，恰恰在于提供这样一个有益思路：读者不可妄自菲薄，作者不必妄自尊大，读者并不天然地低于作者。尼采在其伦理学著作《道德的谱系》里的名言如雷贯耳：

　　　　我们最好是把一个艺术家和他的作品远远地分开，我们不必像对待他的作品那样认真地对待他本人。说到底，他只不过是他的作品的先决条件、母腹、土壤、也可能是作品赖以生长的粪肥——所以在绝大多数情况下，要想欣赏艺术作品，就必须把艺术家当作某种必须忘掉的东西。深究一部作品的来历乃是那些精神意义上的生理学家和解剖学家们的事：和审美的人、和艺术家毫无关系，而且永无关系！②

　　按照尼采的说法，读者"直面"作品足矣。黎巴嫩诗人纪伯伦的讲法则更

---

①　参见费孝通著《乡土中国／生育制度》，北京大学出版社，1998年，26页。费孝通说："我们的格局不是一捆一捆扎清楚的柴，而是好像把一块石头丢在水面上所发生的一圈圈推出去的波纹。每个人都是他社会影响所推出去的圈子的中心。"

②　［德］尼采著《道德的谱系》，梁锡江译，华东师范大学出版社，2015年，160页。

加单纯：

> 听真理的人并不比讲真理的人低下。①

罗兰在篇幅惊人的长篇小说《约翰·克利斯朵夫》里的说法也几乎类似：

> 在气势恢宏的市政厅举办的一场音乐会上，他（克利斯朵夫）听见有人在演奏他的一件作品，完全篡改了他的意愿，他几乎听辨不出来了……行啊！这件被曲解的作品说不准还会激发起新生的力量。我们已经播种。你们爱拿它们怎样就怎样吧：拿我们作养料吧！②

　　作家们屡次重申了这样的道理：该如何看待"土壤"的问题。没有土壤，当然没有花朵；但对花朵的欣赏，也不一定必然时时回溯到土壤。甚至，"曲解"也不一定就是坏事，兴许还能激发"新生的力量"呢！所以，读者要时时刻刻保持自己的自信。"传播"的要义大约也在这儿：它尊重参与传播活动的任何一方，而不会刻意抬高某一方或多方而贬损另一方或多方。
　　至于传播话语中提及的"乌托邦"，一直以来也是对其争议不断。普遍的观点是，"乌托邦"显然是一个虚幻的存在，而且虚幻的存在往往会导致现实的危险：对个人自由的扼杀。一些学者特意区分了"平等的乌托邦"与"自由的乌托邦"，③ 是颇有见地的。我们必须额首承认，平等与自由是两个不能互相代替的美好价值，鱼与熊掌不可兼得。大多数传统乌托邦都是平等的乌托邦，而非自由的乌托邦。所以，几乎可以肯定地说，对于乌托邦的执着追寻，事实上既无可能亦无必要。日本小说家芥川龙之介陈词说："产生不出完美的乌托邦的原因大致如下：如果不能改变人性，就不可能产生完美的乌托邦。如果改

---

① ［黎巴嫩］纪伯伦著《纪伯伦散文诗经典》，李唯中译，译林出版社，2019 年，452 页。
② ［法］罗曼·罗兰著《约翰·克利斯朵夫》，韩沪麟译，译林出版社，2011 年，1274 页。
③ 马少华著《想得很美：乌托邦的细节设计》，中国青年出版社，2011 年，171 页。

变了人性的话，就会使人觉得人们向往的完美的乌托邦，突然不完美了。"[1] 人们普遍熟知的三本所谓"反乌托邦"著作——《我们》《一九八四》《美丽新世界》——亦突出了几乎同样的写作主旨。[2] 危地马拉的寓言作家蒙特罗索故此断言，甚至连天堂都绝不可能是完美无缺的："天堂唯一的缺点便是再也看不到天空！"[3] 天上宫阙如此，遑论萧瑟人间？放弃对于乌托邦的迷恋，或许才是生活的正途。

此刻，还有一个问题开始值得关注——断绝传播。早年，在手机（俗称"大哥大"）刚刚风行的时候，"短信"功能就颇富争议。我们使用手机本来是为了更加迅速而直接地联系彼此，然而，短信却延缓了联系的速度，明明是要"隔了一段时间以后"才能联系上似的。发展至今，断绝传播的态势非但没有"萎缩"，反而更加"壮大"，譬如将手机永远设置为"勿扰状态"、永远关闭微信朋友圈（甚至在强制别人不看自己的朋友圈的同时还强制自己不看别人的朋友圈）、晚间睡觉前强制不看手机等。断绝传播是传播的对立面，然而，它又同样是传播的产物。正如上文刚刚提及的乌托邦悖论一般，传播也存在着类似的悖论。当"传播"如影随形、无远弗届的年代翩然降临之时，"断绝传播"反倒成了念兹在兹、信手拈来的"精神防御武器"。这无疑是一个值得认真考究、仔细琢磨的时代课题。

第二节　熵、信息与冗余

与"传播"一样，"信息"这个概念也非常值得考究。这里无妨插入讲讲美国作家欧·亨利笔下的著名故事——《麦琪的礼物》。

---

[1] ［日］芥川龙之介著《罗生门——芥川龙之介短篇小说选》，楼适夷等译，译林出版社，2010年，301页。

[2] 参见［英］赫胥黎著《美丽新世界》，孙法理译，译林出版社，2020年；［英］奥威尔著《一九八四》，董乐山译，上海译文出版社，2010年；［俄］扎米亚京著《我们》，陈超译，上海译文出版社，2017年。

[3] 语出蒙特罗索所撰寓言《不完美的天堂》，参见［危地马拉］蒙特罗索著《黑羊》，吴彩娟译，上海人民出版社，2015年，96页。

一对年轻夫妇，彼此深爱对方，无奈生活拮据潦倒。又到了圣诞节，该送对方什么礼物呢？这二位各自拥有一样极珍贵的宝物：丈夫有一块祖传金表，妻子有一头如瀑布般的秀发。圣诞夜来临之时，夫妇在彼此不知情的情况下，丈夫卖掉了金表为妻子买了一套高级梳子，而妻子则卖掉了自己的长发为丈夫买了一条高级表链。①

读者读到这里，一定会扼腕大吼：他们俩怎么不事先通通气呀？是的，这就是"信息"的威力了。信息其实就是在主体对大千世界进行认识的过程中能够令不确定性减少的那种表征。如果《麦琪的礼物》中的年轻夫妇彼此通了信息，了解了对方的心意以及下一步的行动方向，定然不会出现这样令人心疼又心酸的结果。丈夫倘若知道妻子要卖长发，他一旦获知信息，就定然不会买梳子作礼物，或干脆对妻子的剪发行为加以及时阻止——而故事中的他之所以没能或无法这么做，就是因为，他对妻子的行动方向事实上是不确定的，他与妻子之间的信息未能"畅通"；反过来，妻子对丈夫，亦是如此。虽然，他们俩买礼物所体现的伉俪深情无疑是令读者们大为动容的，这大概就是时下常说的"双向奔赴"吧？

信息的对立面，就是熵。或者说，信息就是负熵。美国数学家、控制论创始人维纳解释说：

> 在这个与我们直接有关的世界里，存在着这样一些阶段，它们虽然在永恒中只占据一个微不足道的地位，但对我们讲来却具有巨大的意义，因为在这些阶段中，熵不增加，组织性及其伴随者（信息）都在增进中。
>
> 我所讲的这些局部区域的组织性增强问题，不仅限于生命体所揭示出来的那种组织。机器也可以局部地、暂时地增加信息，虽则它们的组织性和我们的组织性相较，那是粗糙而不完善的。

---

① 语出欧·亨利所著短篇小说《麦琪的礼物》，参见［美］欧·亨利著《欧·亨利短篇小说精选》，崔爽译，浙江文艺出版社，2018年。

机器,和生命体一样,是一种装置,它看来是局部地和暂时地抗拒着熵增加的总趋势的。由于机器有决策能力,所以它能够在一个其总趋势是衰退的世界中在自己的周围创造出一个局部组织化的区域来。[1]

维纳指出了"熵"的自然增大趋势,而这一点也给我们以莫大启迪。不错,宇宙的总趋势是增熵的,整个宇宙向着彻底的混乱与无序发展。然而,在一颗小小的蔚蓝色星球之上,在一些微不足道的角落里,在局部与偶然的状态之下,因为生命的出现,熵竟然奇迹般地在减小。推而广之,大到日月星辰,小到草木虫豸,都有其诞生的一刹与毁灭的一霎,一刹一霎之间,每一个生命,都焕发着无限的光彩与价值。——生命,是在持续做着"逆天"的工作!生命,本身不就是一场恢宏的庆典、一番壮丽的旅行、一次璀璨的绽放吗?"生如夏花之绚烂,死如秋叶之静美",[2]这难道不正是对生命的热情讴歌与真挚礼赞吗?当我们切实体悟到这一点,我们焉能不对生命心怀崇敬又心存温煦呢?

一旦我们把信息、熵的问题搞清楚,就可以把相关一系列问题都搞清楚了。维纳尤其讲到了信息与文艺之间的关系:

> 事实上,一个消息所具有的信息本质上可以解释作该消息的负熵,解释作该消息的几率的负对数。这也就是说,愈是可几的消息,提供的信息就愈少。例如,陈词滥调的意义就不如伟大的诗篇。[3]

提及信息,"冗余"这个概念当然也值得顺带一说。根据古希腊神话的讲述,克里特岛的国王米诺斯(Minos)曾经提出要将海里出现的第一个动物祭献给海神波塞冬(Poseidon),波塞冬很受感动,特地让一头健壮的公牛浮出海面。

---

[1] [美] N. 维纳著《人有人的用处——控制论和社会》,陈步译,商务印书馆,2011 年,16 页、19 页。

[2] [印度] 罗宾德罗那特·泰戈尔著《飞鸟集》,郑振铎、冰心译,译林出版社,2010 年,18 页。

[3] [美] N. 维纳著《人有人的用处——控制论和社会》,陈步译,商务印书馆,2011 年,7 页。

可米诺斯看到这只健壮的公牛喜欢得不得了，舍不得献祭，就偷偷换了一只普通的公牛充作祭品。这些小动作自然瞒不过海神波塞冬，愤怒的波塞冬立刻使这头从海里浮出的公牛变得疯狂起来，在克里特岛为非作歹。

在克里特岛为非作歹的那头公牛，在被赫拉克勒斯制服前，据说曾以一种奇怪的方式生养了一个后代：牛首人身怪弥诺陶洛斯（Minotauros）。[1] 弥诺陶洛斯被神话学者坎贝尔描绘成"人的身体，公牛的头和尾巴"。[2] 诗人但丁在《神曲·地狱篇》第 12 首中则这样描绘弥诺陶洛斯，它的栖身地点是在地狱第六环与第七环连接的部位：

> 在那断崖残壁的顶端，
> 克里特岛的耻辱之物正匍匐卧定，
> 它曾在那假造的母牛腹中孕育而成：
> 它一见我们就啃咬自身，
> 犹如一个人无可奈何，把怒火压在心中。[3]

克里特岛国王米诺斯，出于某种莫名其妙的情愫，让当时最著名的工匠代达罗斯（Daedalus）给弥诺陶洛斯建造了一座迷宫，让弥诺陶洛斯栖身其内，并令被他打败的希腊人每年（有说每九年，也有说每八年）进贡七名童男和七名童女供它食用。当然，关于那些童男童女到达克里特岛后的命运也有不同说法。不过，即使没有被弥诺陶洛斯直接吃掉，至少也是终身囚禁。这个时候，英雄出现了——勇武有加、韬略过人的希腊王子忒修斯（Theseus），冒死请命，主动将自己"进贡"给弥诺陶洛斯，并在克里特公主阿里阿德涅的帮助下，成功进入迷宫中央并制服了弥诺陶洛斯。

---

① ［德］利奇德著《古希腊风化史》，杜昌忠等译，海豚出版社，2012 年，168 页。
② ［美］约瑟夫·坎贝尔著《千面英雄》，黄珏苹译，浙江人民出版社，2016 年，9 页。
③ ［意］但丁著《神曲·地狱篇》，黄文捷译，译林出版社，2005 年，103 页。

插图 3-1：［古罗马］大理石棺（局部），《忒修斯神话》，约 130—150 年，藏于美国纽约大都会艺术博物馆。

但是，这个故事依然是以凝郁而怆然的悲剧气氛收尾的。忒修斯驾着黑色风帆之船出发去克里特岛之时，他的父亲、雅典国王埃勾斯（Aeegus）无法预知忒修斯是否能够生还，便告诉忒修斯："如果你成功了，千万记得把帆船的帆换成白色，我就能早早地看到了；如果你失败了，葬身迷宫，自然也就不必更换了。"忒修斯表示他记住了。然而，忒修斯制服弥诺陶洛斯之后，得意忘形，迅速驾船从克里特岛返回希腊，把更换船帆颜色的事情彻底忘在九霄云外。忒修斯的父亲伫立于海滨悬崖之上，昼夜眺望。那一日，忽见船队归来，船帆墨然如旧，忒修斯的父亲万念俱灰，当即跳下悬崖，坠海而死。忒修斯回到希腊，闻听父亲的死讯，捶胸顿足，泣泪不止。那片蔚蓝色的海，据说从此就以忒修斯的父亲的名字命名，是为"爱琴海"（the Aegean Sea）。

几千年来，这个悲剧不知感动了多少人。一位传播学思想家得出了这样的结论："这个神话故事的寓意是：在生死攸关的信息中，需要输入一些冗余的信息。"[1] 什么是冗余的信息？就是多余的、重复的、啰嗦的信息。啰嗦，按一般感觉来说，诚然是不太好的；然而，在特别关键甚至要命的时刻，增加这些冗余信息，多一些啰嗦，反倒能够达到增强安全性的目的。倘若埃勾斯早先与忒

---

① ［美］彼得斯著《交流的无奈——传播思想史》，何道宽译，华夏出版社，2003 年，253 页。

修斯约定，不仅要直接"眼观"到船帆的颜色，还要同时"耳闻"回程者的口述，既观又闻，再下决断，埃勾斯估计也就不会白白死去了。——毋宁说，在信息的传递过程中，"简洁"与"保险"是鱼与熊掌的关系，太简洁了（冗余信息少）就不大保险，可为了保险又难保简洁。

与"信息"相关的另一个重要概念是"失真"。信息失真是指信息走样了、变形了，这是颇为常见的传播现象。纪伯伦曾经写过一个小故事：

> 七个世纪前，有七只白鸽从深谷里飞上盖着皑皑白雪的山顶。
>
> 看到白鸽飞翔的七个人中，有一个人说："我看见第七只鸽子的翅膀上有一块黑斑。"
>
> 今天，在那座山谷里，人们说有七只黑鸽子飞上了皑皑白雪覆盖的山峰。①

本来是七只白鸽，信息难免以讹传讹，最后变成七只黑鸽。那么，为什么会出现这样的"失真"现象呢？原因肯定十分复杂，譬如说，刻板印象（stereotype）可能是其中一个相当重要的原因。信息的接受方有时会按照自己脑海中已有的"先入之见"对新涌入脑海的外界信息进行一定程度的"改造"。毫无疑问，在这个"改造"的过程之中，信息就无可避免地"失真"而难以保持原汁原味了。至于为何会形成或出现"刻板印象"，则是另一个同样十分复杂的话题。一般认为，刻板印象之所以出现，其原因恰恰在于：刻板印象可以满足人们的某种"精神"需要，因为它与人们的价值观是紧密联系在一起的。说得更彻底一些，刻板印象更像是一种"保护"机制，在有意或无意之间，刻板印象能够维护并修补我们的文化传统，并使之尽量保持鲜活的有效性。"七只白鸽"的故事正是这个道理。其实，在人们内心里，我们不相信真的有"七只白鸽飞上雪山峰巅"这么纯洁又凄美的事情发生；脑海里的刻板印象不断告诫我们，在这个世界上，任何事物都一定存在着某些瑕疵或污渍。果不其然，

---

① ［黎巴嫩］纪伯伦著《纪伯伦散文诗经典》，李唯中译，译林出版社，2019年，462页。

第七只白鸽的翅膀上有一块黑斑。这块黑斑符合了我们的刻板印象，黑斑因此被铭记了、被传布了，甚至不断地被"添油加醋"了——这个故事最后难免就走了样儿。毋宁说，刻板印象的维系往往是以信息的失真为代价的。托克维尔、[①]道格拉斯、[②]李普曼[③]等著名学者对上述问题都曾有独到的阐发。具体到传播学理论中来，学者们还试图对信息失真进行更为详尽与细密的分类，将其分为简化（leveling）、锐化（sharpening）、同化（assimilation）三种不同的失真模式。[④]

　　传播学，确乎是一门非常有趣的学问。难道不是吗?

①　[法]托克维尔著《论美国的民主》，董果良译，商务印书馆，1988 年，529-530 页。

②　[英]玛丽·道格拉斯著《洁净与危险》，黄剑波等译，民族出版社，2008 年，46 页。

③　[美]沃尔特·李普曼著《舆论学》，林珊译，华夏出版社，1989 年，61 页。

④　[美]希伦·A.洛厄里、梅尔文·L.德弗勒著《大众传播效果研究的里程碑》，刘海龙等译，中国人民大学出版社，2009 年，140 页。

第四章 符号与意义

第一节 符号

人们必须找寻一些身外的标记，把自己所思所想的事情示于他人。人类思想的传递，需要凭借一定的载体，而这个载体就是符号。

人际交流中常有"词不达意""意犹未尽""只可意会不可言传"的感觉，看来，符号（无论是语言符号还是非语言符号）不能完全满足使用者表达意思的需要。因为，符号并不是意思本身，也不是意义本身，更不是思想本身，它只是一种代码、一个躯壳、一条通道。自然而然，当人们所要表达的意思过于微妙或玄奥之时，代码、躯壳、通道就难免有"见绌"之虞了。甚至，在那样的微妙时刻或玄奥时刻，"沉默"反而是更好的传播方式呢！德国诗人荷尔德林的诗句，难道不是如此吟咏的吗：

> 我们得时常沉默；神圣的名称阙如，
> 心儿在跳动，可是言语总是滞后？①

日本作家村上春树在长篇小说《挪威的森林》里亦有一段非常实在的描写，借女主人公直子之口，把符号与意思之间的曲折关系说得格外透彻、有趣：

---

① 语出荷尔德林所撰诗歌《还乡——致乡亲》，参见［德］荷尔德林著《荷尔德林诗选》，林克译，四川人民出版社，2021年，71页。

　　"表达不好。"直子说，"这些日子总是这样。一想表达什么，想出的只是对不上号的字眼。有时对不上号，还有时完全相反。可要改口的时候，头脑更加混乱得找不出词儿来，甚至自己最初想说什么都糊涂了。好像身体被分成两个，相互做追逐游戏似的。而且中间有一根很粗很粗的大柱子，围着它左一圈右一圈追个没完。而恰如其分的字眼总是由另一个我所拥有，这个我绝对追赶不上。"①

　　德国哲学家、作家本雅明早年创作的一首十四行诗（Sonette，即"商籁体"），也有这方面的意味：

> 何等贫瘠，累积的哀诗韵律稀少
> 何等无情，商籁的格式将我捆绑
> 灵魂用何种方式将他寻找
> 我脑中只剩一个隐喻要讲
>
> 这两句诗节将我带入地府
> 如山谷间蜿蜒的小径羊肠
> 俄耳甫斯的探寻也近乎实现
> 这是哈德斯府上的林中之路
>
> 他如此急切地恳求冥王
> 冥王带着忠告将妻返还
> 此路虽短，却实为重要
>
> 神秘的箴言依然藏于诗行
> 正如她悄然跟随于他身后，消逝

---

① ［日］村上春树著《挪威的森林》，林少华译，上海译文出版社，2018年，27-28页。

　　由他的目光，由诗行最末的韵脚①

　　在本雅明的诗歌里，诗行（形式）是符号，箴言（内容）是意思，所以说，箴言藏于诗行。遗憾的是，正如俄耳甫斯（Orpheus）最终未能带他的妻子欧律狄刻（Eurydice）得见天光一般，箴言最终还是未能被表达出来，不得不"消逝"了。符号终归是"贫瘠"而"无情"的，最深刻、最微妙的内容或意义，大概只能是"只可意会不可言传"的吧？

插图 4-1、插图 4-2：［法］大理石雕像，《俄耳甫斯与欧律狄刻》，Auguste Rodin，约 1887 年，藏于美国纽约大都会艺术博物馆。

第二节　表面意义与引申意义

　　表面意义与引申意义，则是另一对需要留意的概念。表面意义是指符号的本义，原本的意思，乃是符号最基本或最核心的意义。引申意义则是指符号所

————————————
① ［德］本雅明著《十四行诗》，王凡柯译，人民文学出版社，2021 年，62 页。

暗示的意义，深层的意思，乃是符号衍生而出的意义。譬如"红"这个符号，它的表面意义就是一种颜色罢了，但它的引申意义则至少有如下七种：

A. 鲜血：见了红；

B. 喜庆：披红挂彩、红白喜事；

C. 顺利、受人重视：开门红、满堂红、红角儿；

D. 革命、政治觉悟高：又红又专、根正苗红；

E. 女子及女子所做的刺绣等工作：女红（gong）；

F. 色情、性事：红区；

G. 时尚：红男绿女。

——问题恰恰在于，符号的引申意义，往往塑型于或曰见彰于特定的历史文化背景，因此对符号引申意义的正确解读就必须以特定的文化储备为基础。没有文化储备，是很难理解符号的引申意义的。还以"红"为例，西方文化传统比较倾向于"鲜血"这个引申意义。[1]英国小说家、诗人劳伦斯的诗作《偷樱桃的蟊贼》是一个典例，"红"势必会给读者留下某种"血淋淋"的惊悚感：

> 长长的黑枝上，如同红色的宝石
> 镶在一个东方少女的发丝里，
> 挂着一串串鲜红的樱桃，仿佛
> 每个发卷下殷殷的血滴。
>
> 晶莹的樱桃下，三只死鸟横陈，
> 翅膀收拢。
> 两只白脯画眉，一只黑鹂，三只小蟊贼
> 地上斑斑血痕。

---

[1]　一位法国学者说："红色也被用来描绘基督教徒和所有为信仰而死的人。"参见［法］布里多诺著《哈利·波特与历史》，赵飒译，中译出版社，2022年，132页。

一个女孩两耳挂着樱桃

倚着草垛朝我笑。

她让我品尝那鲜红的樱桃，可她眼里

有没有泪珠儿？我想知道。①

法国诗人兰波的摹画就更直接了：

I，殷红，咳出的鲜血，美人嗔怒

或频饮罚酒时朱唇上的笑容……②

兰波是一位擅用色彩的大师。血是红的，葡萄酒也是红的，美人的嘴唇更是红的，这是怎样一幅哀感顽艳的画面！澳大利亚作家考琳·麦卡洛笔下的《荆棘鸟》，着力描绘了玫瑰花的"红"，其实就是"鲜血"本身，而且浸染着更加晦涩的宗教色彩——或许正是那位显容众多而屡遭危难的救世主流出的血？

时序已入夏季，再过两个星期就到圣诞节了，而德罗海达的玫瑰正开得热闹。到处都是玫瑰花，粉红的、白的、黄的，那深红的恰似胸膛里的鲜血，猩红得犹如红衣主教的法衣。蔓生在一派葱茏掩映的紫藤中的玫瑰是无精打采的粉红色和白色，藤蔓从廊子的顶棚垂下来，落在铁纱网上，亲昵地紧附着二楼的黑色百叶窗，延展的卷须越过它们伸向天空。③

另一个极具说服力的例子是"西风"。

西风的表面意义就是"从西面（向东面）刮过来的风"，但是，这个符号的引申意义却十分丰富。大概因为大西洋在欧洲的西面的缘故，所以，欧洲人

① ［英］劳伦斯著《重返伊甸园：劳伦斯诗选》，毕冰宾译，人民文学出版社，2018年，10页。

② ［法］兰波著《孤儿的新年礼物：兰波诗歌集》，王以培译，广西师范大学出版社，2021年，150页。

③ ［澳］考琳·麦卡洛著《荆棘鸟》，曾胡译，译林出版社，2010年，408页。

赋予"西风"以"氤氲"之意：温热、潮湿、浓郁的海洋之风，拂面而来。请看，《俄耳甫斯教祷歌》是这么颂唱的：

> 西风哦，孕育一切，空气的流浪者，
> 温柔低语的拂动……
> 春天的风在草场游荡，为港口挽留，
> 你为船只送来闲懒锚地和轻柔空气；
> 好心地来吧，吹拂吧，属天的神哦，
> 你翅膀多轻盈，你形如空气不可见。①

再请看，匈牙利诗人裴多菲笔下的"西风"是这样的：

> 芬芳的西风的温和的气息……②

又请看，英国诗人雪莱笔下的"西风"更是令人满怀憧憬：

> 把昏睡的大地唤醒吧！要是冬天
> 已经来了，西风呵，春日怎能遥远？③

显而易见，裴多菲、雪莱等人笔下的"西风"，与李清照、晏殊等人笔下的"西风"，虽然表面意义一致，引申意义可就大相径庭、完全不是一码事了。

再来说说"面包"和"酒"。

根据古希腊与古希伯来的文化传统，凡人有血液，所以凡人必是吃面包与酒的。因而，对于凡人而言，最重要的东西恐怕也就是面包与酒了，因为面包

---

① 吴雅凌编译《俄耳甫斯教祷歌》，华夏出版社，2006 年，142 页。
② ［匈牙利］裴多菲著《裴多菲诗选》，孙用译，人民文学出版社，1954 年，335 页。
③ ［英］雪莱著《雪莱抒情诗选》，查良铮译，人民文学出版社，1958 年，79 页。

与酒也就意味着人的血，即人本身。^①进一步，因为血液流淌在人的体内，人依赖血液生存，所以食血等于吃人。我们在《圣经》中屡次看到这样的诫命：禁食血。耶和华说："凡以色列家中的人，或是寄居在他们中间的外人，若吃什么血，我必向那吃血的人变脸，把他从民中剪除。因为活物的生命是在血中，我把这血赐给你们，可以在坛上为你们的生命赎罪。因血里有生命，所以能赎罪。"^②古希腊和古希伯来在人和血这个问题上的态度高度一致。约翰·班扬（John Bunyan）在其著作《天路历程》（*The Pilgrim's Progress*）中写过这样的情节："基督徒下山的时候，他的那几个善良的朋友送给了他一块面包、一瓶葡萄酒和一些葡萄干。"^③稍后又说："……葡萄酒，像血一样鲜艳。"^④读者应当可以理解其引申的含义了，毕竟，"对我们来说，葡萄酒就是血的代用品"。^⑤

前面所举都是一些"东西"或"现象"，最后不妨再举一个活物——就以"蝎子"为例吧。

蝎子的表面意义就是一种普通的节肢动物，大概与蜘蛛类似。但是，它的引申意义非同小可。蝎子在西方语境中通常被赋予绝对的负面意义。《圣经》中共有四处写到蝎子，无一不是彻头彻尾的反面角色：

——《旧约·申命记》里写道："那里有火蛇、蝎子、干旱无水之地。"

——《旧约·列王纪上》里写道："我父亲使你们负重轭，我必使你们负更重的轭；我父亲用鞭子责打你们，我要用蝎子鞭责打你们。"

——《旧约·以西结书》里写道："人子啊，虽有荆棘和蒺藜在你那里，你又住在蝎子中间，总不要怕他们，也不要怕他们的话，他们虽是悖逆之家，

---

① 我们在《圣经》中也看到了类似的表达，对谷和酒是十分重视的。如《圣经·旧约·耶利米哀歌》中有这样的句子："那时，他们在城内街上发昏，好像受伤的，在母亲的怀里，将要丧命，对母亲说：'谷、酒在哪里呢？'"《圣经·旧约·撒迦利亚书》里则有非常优雅的句子："五谷健壮少男，新酒培养处女。"有趣的是，《圣经·旧约·撒迦利亚书》的句子又会令人立刻联想到阿拉伯经典中的一句对仗韵文："我身材有如萨达美女，健壮堪比沙漠野驴。"参见［阿拉伯］哈利里著《麦卡姆词话》，王德新译，华文出版社，2017年，215页。

② 《圣经·旧约·利未记》第17章。

③ ［英］班扬著《天路历程》，周爱农译，安徽师范大学出版社，2014年，38页。

④ ［英］班扬著《天路历程》，周爱农译，安徽师范大学出版社，2014年，183页。

⑤ ［俄］普罗普著《神奇故事的历史根源》，贾放译，北京联合出版公司，2022年，453页。

还不要怕他们的话，也不要因他们的脸色惊惶。"

——《新约·启示录》里写道："不许蝗虫害死他们，只叫他们受痛苦五个月，这痛苦就像蝎子蜇人的痛苦一样。"

与之仿佛，古希腊的伊索在他的全部寓言里只提到过一次蝎子，也是将蝎子作为可怕的毒物来形容的。[①] 荷兰人伊拉斯谟在那本有名的《愚人颂》里曾把贤人比喻为蝎子，说："女人对愚人一见倾心，可是碰上贤人却拔腿而逃，惊慌失色，像是碰上蝎子一样。"[②]《愚人颂》的鹄的是赞颂愚人，贤人是被彻底否定的。

插图 4-3：美国芝加哥天文馆主馆（建筑）檐饰，这是一只巨大的蝎子。

然而，异常有趣的是，东方文化虽然普遍也不看好蝎子，却有把蝎子作为正面形象——甚至是极为正面的形象——来加以处理的典例。

中国的《墨子》一书记载，大禹的儿子——启——喜欢观看一种模仿蝎子形状的独足舞蹈，名叫"万舞"，据说特别漂亮。[③] 日本作家宫泽贤治在《银河铁道之夜》《双子星》等小说中，屡次描摹蝎子的故事，这些蝎子大都富有

① ［古希腊］伊索著《伊索寓言全集》，李汝仪译，译林出版社，2010 年，207 页。
② ［荷］伊拉斯谟著《愚人颂》，许崇信等译，译林出版社，2010 年，91 页。
③ 参见袁珂著《中国神话传说》，北京联合出版公司，2016 年，283 页。

献身精神。尤其在《银河铁道之夜》里，蝎子宁愿燃烧自己而照亮漆黑之夜，这大概就是"天蝎火"的来源。[①] 更需要留意的是，《银河铁道之夜》的叙事暗线是讲了一个叫康帕内拉的孩子舍己救人的悲情故事。康帕内拉为救落水的同学而不幸罹难。如此一来，我们就能够更为深入地理解小说的主人公康帕内拉为何一直坚定地认为"蝎子是益虫"了。苍穹银河中的蝎子决意化为美丽的火焰，恰如凡间河水中的青年果真奉献了年轻的生命。而《银河铁道之夜》对"康帕内拉"这一名称的使用又暗合了《太阳城》[②] 的"圣境"意义。事实上，《太阳城》的作者叫乔万尼·康帕内拉，《银河铁道之夜》里的两位主人公，一位叫乔万尼，另一位叫康帕内拉。由此，太阳城、银河铁道、蝎子、火焰、牺牲、奉献、天堂、圣境，这些符号彼此辉映，彼此衬托，浸染出一幅动人心魄又感人至深的隽永画卷。

---

① ［日］宫泽贤治著《银河铁道之夜》，王小燕译，上海译文出版社，2023 年，106 页。

② 参见［意］康帕内拉著《太阳城》，陈大维等译，商务印书馆，1980 年第 2 版。另需留意的是，宫泽贤治似乎对此类"圣境"题材极为热衷。在《古斯柯布多力传》这部小说中，宫泽贤治设计了与《银河铁道之夜》意蕴类似的情节：主人公古斯柯布多力为帮助人民群众安然度过"冷夏"，献出了自己年轻的生命。参见［日］宫泽贤治著《银河铁道之夜》，王小燕译，上海译文出版社，2023 年，205 页。当然，从另一个方面说，对于"圣境"题材的深入考虑同时要顾及"乌托邦"的固有悖论。本书第三章对这个问题已有论述。

第五章　自我与梦境：人内传播

第一节　自我

谈及人类社会的传播，首先要讲的就是"人内传播"。人内传播也可以被称为人的自我传播，是个人接受外在信息并在人的内里进行处理和反馈的一种活动。没有人内传播，人类社会的其他传播也不可能存在。但人内传播并不是纯粹生理性的活动，人内的信息处理活动具有很强的心理特点和社会性。所以，学者们普遍认为，人内传播也属于传播学的研究范畴，并且，人内传播与其他类型的传播构成了一个大的传播系统，即人类社会传播系统。

人内传播主要处理的问题有：记忆、自我、认知、梦境、遗忘、自言自语等。这些问题在世界文学中的"身影"恰恰风姿最为绰约。

记忆是人内传播的重要前提。记忆是我们过去经验的集体记录，构成了我们意识的关键部分。信息首先转换成某种可用的形式以便正确地编码。这是日后回忆的前提，如果编码没成功，那么也就无所谓储存和提取了。

当回忆开始时，我们既是回忆的主体，又是回忆的客体。现在的我是主体，过去的我是客体。通过情景回忆，现在的我与过去的我进行交流。正所谓："记忆是相见的一种方法。忘却是自由的一种形式。"[①] 人的自我感觉在很大程度上取决于回首过去时的主观体验。那些保存在我们心中的——关乎希冀、愿望、目标、责任的——回忆，无时无刻不左右着我们。而在我们有意或无意地修饰

---

① ［黎巴嫩］纪伯伦著《纪伯伦散文诗经典》，李唯中译，译林出版社，2019 年，416 页。

过去以及不断营造心目中的那个"自我"的时候，这些回忆必然扮演着重要角色。葡萄牙诗人、作家佩索阿于是说：

> 生活中的一切
> 都由回忆编织。
> 通过记忆去爱。①

丹麦思想家克尔凯郭尔甚至认为：

> 完全存在于回忆中的生活是能想象到的最完美的生活。②

然而，在更为严谨的意义上，究竟什么是"自我"呢？

自我（self-concept），一般是指：人们对自己的相对稳定的一系列感知。个人在与他人的互动中建立自我的概念。"自我"（我是谁，我有什么特长等）的认识是由外界不断的信息输入形成的，所谓"外界"则一般包括：家庭、老师、朋友、恋人、熟人、陌生人等。人的"自我"，便是由"主我"（I，原来头脑中已存的信息）和"客我"（Me，新进入大脑的外来信息）互动而形成。那么，如果只有"主我"而无"客我"，信息便沦为"死循环"，"自我"也就难以为继而大概只有死路一条了。颇负盛名的"水仙花情结"说的其实就是这件事：

> 还有水仙最为娇丽：
> 它望着溪水深处自己的眼睛，
> 直到最后，死于自己的丽容。③

---

① ［葡］佩索阿著《我的心迟到了：佩索阿情诗》，姚风译，浙江文艺出版社，2020 年，114 页。
② ［丹］索伦·克尔凯郭尔著《非此即彼》，陈俊松、黄德先译，光明日报出版社，2007 年，18 页。复可参见黎巴嫩诗人纪伯伦的诗句："今日的悲哀中最苦的东西，恰是昨天欢乐的追忆。"参见［黎巴嫩］纪伯伦著《纪伯伦散文诗经典》，李唯中译，译林出版社，2019 年，455 页。
③ ［英］雪莱著《雪莱抒情诗选》，查良铮译，人民文学出版社，1958 年，86 页。

如果说"水仙花情结"是个悲剧，那么，"皮格马利翁效应"则是个喜剧。"皮格马利翁效应"讲了如下的道理：一个有关你的预测，会导致你按照预测的方式行为，从而使该预测变成现实。这个道理也被概称为"自我实现的预言"（self-fulfilling prophecy）。普希金的笔下，流淌着这样的诙谐诗句：

> 可我突然看出她是一尊大理石
> 雕像，虽冷若冰霜、默不作声，
> 但面对皮格马利翁的恳求，
> 很快会变得热烈而风流。①

想想看吧，一个人，谈了一个对象，如果她或他心里坚信好事能成，这事儿八九不离十就能成；可如果她或他觉得这事儿压根儿就成不了，终日疑神疑鬼，那这事儿十有八九会黄了。生活的道理，处世的道理，概莫能外。人就是这样一种社会性的、有思想的动物：我们对未来总会有某种预期，这种预期定会反过来指导我们当下的行动。因而，乐观的心态、豁达的心胸，就格外重要了。"乐观是一种信念，可以引领人们成就伟业。"②

那么，预期究竟是如何做出的呢？问题的答案就回到了本节的开始：究其根本，它其实是"主我"和"客我"互动的结果。"一切人生活和行动，都是部分依照自己的思想，部分依照别人的思想。"③每一个人不仅会考虑自己的欲望、需求、初衷，也会同时考虑到他人对我的期待、评价、约束。人终归不是只知道眼下的吃喝拉撒的浑噩动物，而是时时刻刻在意着外在于我的他人的眼光，并在他人的眼光里获得对于"自我"的完整体认。法国作家加缪的哲学随

---

① ［俄］普希金著《叶甫盖尼·奥涅金》，冯春译，上海译文出版社，2018 年，325 页。

② 语出海伦·凯勒所撰散文《三论乐观》，参见［美］海伦·凯勒著《假如给我三天光明》，林海岑译，译林出版社，2012 年，165 页。

③ ［俄］列夫·托尔斯泰著《复活》，力冈译，译林出版社，2013 年，376 页。

笔集《西西弗神话》里的一句话精辟概括了这个要点："他人即镜子。"① 意大利作家卡尔维诺笔下的柯西莫的故事，似乎也潜藏这样的意蕴：

> 柯西莫就这样逝去了，没有让我们看见他的遗体返回地面。在家族的墓地上竖起一块纪念他的墓碑，上面刻写着："柯西莫·皮奥瓦斯科·迪·隆多——生活在树上——始终热爱大地——升入天空。"②

这是一个异常有趣的三分法：大地象征着社会的规则，天空象征着心灵的欲念，自我便夹在了社会与心灵之间，所以柯西莫一生都"生活在树上"——唯其如此，才能"有一条通向完整的道路，这是通过对个人的自我抉择矢志不移的努力而达到的非个人主义的完整"。③ 总结来说，如果只有社会规则，个人生活就太"憋屈"了；如果只有心灵欲念，个人生活又太"膨胀"了；现实生活只能是规则与欲念的彼此协商毋宁说妥协而已。而上述这个思想的精致轮廓，如果用审慎的学术语言加以细致勾勒，就是米德的那本传世名著《心灵、自我与社会》④ 了。

不错，在当代社会，我们似乎更应该体察、理解、承认"心灵欲念"的重要性——因为当代社会的各式规则实在太多了，令人喘不过气来。危地马拉作家蒙特罗索有一篇寓言，恰恰说明了这个倾向：一只青蛙非常在意别人对它的评价，一心想要成为世界上最漂亮的青蛙。慢慢地，它发现人们最欣赏的是它的身体，尤其是它的腿，于是它勤加苦练，不停跳跃，将自己的腿练得既结实又优雅，它感觉到所有人都开始为它喝彩、鼓掌。终于，它成为了最漂亮的青蛙，人们一边赞叹着一边拉扯着它的腿，最后竟啃起它的青蛙腿来！此时此刻，这只青蛙痛心地听到人们一边啃食一边评论："这只青蛙味道真好，简直跟鸡

---

① ［法］加缪著《西西弗神话》，沈志明译，上海译文出版社，2013年，173页。德国长篇小说《荒原狼》中也有类似的表述："事实上，人都必须互相是镜子，互相那样回答，互相配合才对。"参见［德］黑塞著《荒原狼》，萧逢年译，上海三联书店，2013年，156页。

② ［意］卡尔维诺著《树上的男爵》，吴正仪译，译林出版社，2012年，262-263页。

③ ［意］卡尔维诺著《树上的男爵》，吴正仪译，译林出版社，2012年，278页。

④ 参见［美］乔治·赫伯特·米德著《心灵、自我与社会》，霍桂桓译，华夏出版社，1999年。

没有两样！"①

　　另一篇带有一定寓言性质的、尤为值得一提的作品，恐怕要数美国作家杰克·伦敦的长篇小说《野性的呼唤》。该书试图描摹那种来自无意识深层的狂野召唤，以及那种奋力挣脱当下枷锁而回归往昔本我的不懈渴求——虽然其主人公确乎是一条名叫"巴克"的狗。②书中有如此直抒胸臆的段落：

　　　　它们从分水岭对面斜坡上下去来到一个平坦地方，这儿有大片大片的树林和许多小溪。它们穿过这些树林，从容不迫一直往前跑，太阳不断升高，天气越来越暖和。巴克欣喜若狂，知道终于在回应那呼唤了，和自己的林中兄弟一起跑向必定是那呼唤传出的地方。旧的记忆很快回到它身上，使它激动不安，正如过去，现实本身——记忆是现实的影子——使它激动不安一样。③

第二节　梦

　　既然提及了无意识深层的狂野召唤，那么，关乎无意识的研究也就呼之欲出、不可不察了。梦，显然正是这样一个令人深感好奇的"无意识"领域。梦境中的"自我"究竟是不是另一个"我"呢？莎士比亚十四行诗的第27首是这么写的，表达了极大的疑惑：

　　　　精疲力竭，我赶快到床上躺下，

---

① 语出蒙特罗索所撰寓言《要成为世界上最漂亮的青蛙》，参见［危地马拉］蒙特罗索著《黑羊》，吴彩娟译，上海人民出版社，2015年，67-69页。我们几乎立即可以回想起德国哲学家弗里德里希·威廉·尼采（Friedrich Wilhelm Nietzsche）的类似评价："谁不曾为了自己的好名声曾经一度——牺牲了自己？"参见［德］尼采著《善恶之彼岸：未来的一个哲学序曲》，程志民译，华夏出版社，2000年，71页。

② 参见［美］杰克·伦敦著《野性的呼唤》，刘荣跃译，上海译文出版社，2020年。

③ ［美］杰克·伦敦著《野性的呼唤》，刘荣跃译，上海译文出版社，2020年，138页。

去歇息我那整天劳顿的四肢；

但马上我的头脑又整装待发，

以劳我的心，当我身已得休息。

因为我的思想，不辞离乡背井，

虔诚地趱程要到你那里进香，

睁大我这双沉沉欲睡的眼睛，

向着瞎子看得见的黑暗凝望；

不过我的灵魂，凭着它的幻眼，

把你的倩影献给我失明的双眸，

像颗明珠在阴森的夜里高悬，

变老丑的黑夜为明丽的白昼。

这样，日里我的腿，夜里我的心，

为你、为我自己，都得不着安宁。[①]

天主教思想家圣奥古斯丁则把上述疑惑表达到了极致：

我醒时所不为的事情，在梦中却被幻象所颠倒。主、我的天主，是否这时的我是另一个我？为何在我入梦到醒觉的须臾之间，使我判若两人？[②]

《垮掉的一代》的作者虽然对宗教抱有杂糅式的成见，却同样认为梦境的意义是"神圣"的、不可不察的：

保罗：你把最近做的梦说来听听好吗？

主教：哦，呃，我看这无关紧要……我做的梦没什么意思……我不知

---

① ［英］莎士比亚著《莎士比亚十四行诗》，梁宗岱译，人民文学出版社，2020 年，31 页。

② ［古罗马］奥古斯丁著《忏悔录》，周士良译，商务印书馆，1963 年，211 页。

道。不过我昨晚倒是做了个梦可是恐怕记不起来了……

　　保罗：可是你要记住它！一切梦在你的心底里都是神圣的！ [①]

　　究竟，这时的我是不是另一个我？"是"或"不是"，这显然是一个问题。按照精神分析派心理学的观点，梦中的自我，当然不是"另一个我"，而只不过是"潜意识层面的我自己"罢了。奥地利心理学家弗洛伊德说：

> 　　梦并不是代替音乐家手指的某种外力在乐曲上乱弹的无节奏鸣响；它们不是毫无意义，不是杂乱无章；它们也不是一部分观念在昏昏欲睡而另一部分观念则刚刚醒来。相反，它们是完全有效的精神现象——是欲望的满足。它们可以被插入到一系列可以理解的清醒的心理活动之中；它们是心灵的高级错综复杂活动的产物。[②]

　　因而，跟随弗洛伊德的脚步，我们几乎可以说，梦恰恰是潜意识的表露。正因有了梦，才能窥测到每个人的潜意识究竟是什么。如果没有梦，潜意识世界的大门就会永远关闭，我们就永远无法窥测自己的潜意识了。潜意识的世界只有在梦里才向我们开放，我们也只有在梦里才得以一入。

　　日本作家宫泽贤治在《银河铁道之夜》里勾勒了一个美轮美奂的"银河"（the milky way）梦境。[③] 究其原因，大概是因为主人公乔万尼在现实生活中一直惦记着给生病的母亲去买牛奶、取牛奶，潜意识里始终琢磨着母亲能够因为喝到新鲜牛奶而早日康复如初，即恢复到乔万尼更年幼、母亲尚康健的时候，所以才会做了一个关于"牛奶之路"（the milky way）的绚烂之梦吧！

　　无妨，我们在此把弗洛伊德的观点做一个粗线条的梳理。

---

① ［美］凯鲁亚克著《垮掉的一代》，金绍禹译，上海译文出版社，2012年，118页。
② ［奥］弗洛伊德著《释梦》，孙名之译，商务印书馆，1996年，119页。
③ ［日］宫泽贤治著《银河铁道之夜》，王小燕译，上海译文出版社，2023年，67页。

表5-1：弗洛伊德关于梦的基本观点

	弗洛伊德之前的普遍观点	弗洛伊德的观点
梦有意义吗？	梦无意义	梦有意义
梦的意义是什么？	杂乱无章	梦是欲望的满足
什么欲望？	—	童年的回归与性欲的满足
为什么难以释梦？	无此必要	因为思想稽查作用而导致梦的化妆
释梦的结果是什么？	无稽之谈	梦恰恰是潜意识的表露

赫拉克勒斯神话中也有同样的典例。据说，赫拉克勒斯被要求完成十二件任务。[①] 其中的第五件任务是所有任务中最奇特、最与众不同的一件——赫拉克勒斯被要求在一天之内把奥格亚斯（Augias）的牛棚打扫干净。奥格亚斯是太阳神赫利俄斯的儿子，也是厄利斯（Elis）的国王。他豢养了500多头品质优良的公牛，这些牛被圈养在王宫前面的牛棚里，牛粪遍地，狼藉不堪。赫拉克勒斯在查看情况后，发挥聪明才智，利用厄利斯的地理优势，在牛棚旁边挖了一条水沟，引来了阿尔菲斯河和佩纳俄斯河的河水。河水流经牛棚，把里面的牛粪冲刷得一干二净。弗洛伊德（Sigmund Freud）在《释梦》（*The Interpretation of Dreams*）中恰好引用了这个故事。弗洛伊德说，他本人曾做过一个"读者对它都感到厌恶"的梦：用自己的尿去冲洗一座小山上的露天厕所的粪便。弗洛伊德解释道，他在梦中丝毫不觉得厌恶，反而似乎感到愉快和满意，原因是梦中的弗洛伊德感到自己变成了赫拉克勒斯。[②] 不用说，弗洛伊德在潜意识里是希望自己能够成为有勇有谋的大英雄的，这一点在梦中得到了满足。行文至此，我们大概也能顺理成章地理解《月亮与六便士》那句有名的感慨之辞了：

> 对敏锐的观察者来说，没有人能创作出最随意的作品而不泄露他灵魂

---

① 参见［德］施瓦布著《希腊神话故事》，刘超之、艾英译，宗教文化出版社，1996年，132页。复可参见［德］古斯塔夫·夏尔克著《罗马神话》，曹乃云译，译林出版社，2010年，15页。

② ［奥］弗洛伊德著《释梦》，孙名之译，商务印书馆，1996年，471页。

最深处的隐秘。①

　　梦，就是我们每个人所创作出来的最随意然而却也最深刻的作品——潜意识中酝酿成的情思，不期然地涌现于意识。梦，"也是鲜活的存在"。②

　　然而，弗洛伊德的"梦的解析"，也遭遇了一些持续的批评意见。主要来说，有以下三个要点：

　　——潜意识在弗洛伊德看来总和"性"沾边儿，这是一种泛性论的论调；

　　——研究方法过于主观、不够科学，甚至流于臆断，这是方法方面的问题；

　　——弗洛伊德本人有比较强烈的男权主义思想，这是一个价值观取向方面的问题。

　　以上这些问题，是尤其值得读者们加以警醒的。所以，德国哲学家、神学家、精神病学家雅斯贝斯曾经公允而中肯地评价弗洛伊德说："心理学最后成了这个时代的总特征，因为它采取了一种特别能代表我们时代的形式，即由西格蒙德·弗洛伊德所创立的精神分析学。这种学说……但仍然有这样的缺陷，即未能使这些事实具有无可辩驳的可观察性。"③

　　弗洛伊德的学生、瑞士心理学家荣格（Carl Gustav Jung）发展了弗洛伊德的理论，从个人的无意识引申到了集体的无意识，④这是荣格的伟大贡献。我们一向认为，精神分析派的观点在当下社会依然有着强大的解释力，"在心灵上必须听任事情发生"。⑤继弗洛伊德与荣格之后，再向下衍展至雅克·拉

---

① ［英］毛姆著《月亮与六便士》，谷启楠译，人民文学出版社，2016 年，153 页。

② 语出帕维奇所撰小说《紧身胸衣》，参见［塞尔维亚］帕维奇著《鱼鳞帽艳史》，戴骢、陈寂译，上海译文出版社，2023 年，102 页。

③ ［德］卡尔·雅斯贝斯著《时代的精神状况》，王德峰译，上海译文出版社，2013 年，164 页。

④ 参见［瑞士］荣格、［德］卫礼贤著《金花的秘密——中国的生命之书》，张卜天译，商务印书馆，2016 年。复可参见王一川著《意义的瞬间生成》，山东文艺出版社，1988 年，171 页、177 页、184 页。

⑤ ［瑞士］荣格、［德］卫礼贤著《金花的秘密——中国的生命之书》，张卜天译，商务印书馆，2016 年，26 页。

康①、霍米·巴巴②等学者，也大体走了精神分析的学术路线，因为它确乎"特别能代表我们时代"。诚然，我们也要承认，雅克·拉康、霍米·巴巴等学者的观点更加晦涩难解。

值得在此着重补缀一笔的是，荣格同时也是一位深谙东方哲学思想的大师，他曾虔诚地向西方人介绍东方的生命哲学。荣格写道：

> 在我看来，强调东西方心灵状态和象征之间的一致性是最重要的，因为凭借这些类比可以开辟一条通往东方精神内在空间的道路。这条道路并不要求牺牲我们自己的本性，不会使我们面临失去依靠的危险，它也不是一架理智的望远镜或显微镜，向我们展示一些与我们没有根本关系、触动不了我们的东西。毋宁说，它是一切文明人所共有的承受、探求和努力的氛围，是自然加诸人类的关于觉醒的巨大实验，它将差异巨大的文化结合成一项共同的任务。③

由是观之，本书几乎可以被视作荣格虔诚之语的一个可能注脚。

不错！世界文学，深深地触动着并感染了作为东方读者的我们！它令我们不得不由衷地感到，虽然文化之间差异巨大，但文化终归是自然加诸人类的关于自身觉醒的巨大实验，而对多元文化的探求、理解、体悟、追寻，也必定成为一切文明人所应携手完成的共同任务。美国大法官杰克逊曾说"强迫思想的一致只会形成坟墓中的全体一致"；④同样，强迫文化的一致，更会形成坟墓中的全体一致——文化的喑哑、零落、凋敝、死寂，任何人当然都不愿看到这幅凄清的图景。

---

① 参见王一川著《意义的瞬间生成》，山东文艺出版社，1988 年，184 页、189 页。
② 参见［澳］杰夫·刘易斯著《文化研究基础理论》，郭镇之等译，清华大学出版社，2013 年第 2 版，247 页。
③ ［瑞士］荣格、［德］卫礼贤著《金花的秘密——中国的生命之书》，张卜天译，商务印书馆，2016 年，62 页。
④ 转引自张巨岩著《权力的声音——美国的媒体和战争》，生活·读书·新知三联书店，2004 年，199 页。

本节的最后，我们捎带谈一下自言自语的问题。自言自语其实恰恰是自己与自己互动的典型形式，在这样的形式中，传播现象正在发生，传播符号正在运用，传播过程正在进行。俄国作家陀思妥耶夫斯基笔下的那些惯常"自言自语"的各色人物，读者们想必再熟悉不过了。[①]

插图 5-1：[古罗马] 大理石花瓶（残片），《赫耳墨斯护送（尚在襁褓中的）酒神》，约公元前 75 年—公元前 50 年，藏于美国波士顿艺术博物馆。

第三节　认知不协调

美国心理学家费斯廷格（Leon Festinger）认为，人有一种保持认知一致性的趋向。认知不一致会使人产生心理的紧张、不安、烦躁，这就是认知失调的症状。换句话说，该理论的前提假设是：个人总是追求认知上的连贯性（cognitive consistency）。譬如你刚填报了研究生报考志愿，自己很得意，可是

_____

① 参见 [俄] 陀思妥耶夫斯基著《卡拉马佐夫兄弟》（上、下），荣如德译，上海译文出版社，2015 年。复可参见 [俄] 陀思妥耶夫斯基著《被侮辱与被损害的人》，臧仲伦译，译林出版社，2010 年。

你身边号称最懂"研究生学历"的好朋友却认为你的志愿填报有重大失误，甚至对你的专业选择嗤之以鼻，这时你的认知就会出现矛盾。你会怎么做？你或许有各种做法，但归结起来，无非都是尽量让认知状况不要出现失调。荷兰哲学家斯宾诺莎曾感慨地说："假如我们想象着他对于我们所爱之物感觉痛苦，则我们对他又将有一种恨的情绪。"①——请问，你会因此恨你的朋友吗？还是会继续爱着他？斯宾诺莎所语大概可谓"认知失调"的最原始版本了。

绝大多数的文学作品，都对这种"认知失调的症状"有所描绘。譬如俄罗斯伟大文学家陀思妥耶夫斯基笔下的三兄弟的故事，最是经典。其中一个细节是：大哥德米特里行事粗野，侮辱了斯涅吉辽夫上尉，但斯涅吉辽夫上尉因家境贫寒多舛，不得不忍下怒气、唯唯诺诺。斯涅吉辽夫上尉的小儿子伊柳沙（9岁）看在眼里，便问起了父亲。斯涅吉辽夫上尉向伊柳沙说明情况。伊柳沙表示自己长大了定要为父亲讨个公道、捍卫尊严，斯涅吉辽夫上尉大为感动。此时此刻，德米特里之三弟阿辽沙却受德米特里之未婚妻卡捷琳娜所托，给斯涅吉辽夫上尉送来二百卢布，作为补偿或慰问。那么，斯涅吉辽夫上尉会收下这笔不菲的慰问金吗？一边是父子的精神约定，一边是现实的经济实惠，"认知失调的症状"是难免的了。辗转半天，斯涅吉辽夫上尉的行动是：

> ……整个面孔都在震颤，涕泪纵横。他结结巴巴、又快得上气不接下气地边哭边喊：
>
> "要是我收下您送来的钱作为对我们蒙受耻辱的赔偿，我还能对我的伊柳沙说什么呢？"
>
> 说完，他（斯涅吉辽夫上尉）拔腿就跑，这一次已经不再回头。②

另一位俄罗斯作家——托尔斯泰，则描述了另一番情景：一位名叫聂赫留朵夫的贵族青年，面临着思想上的极度不协调。他是一个大地主，所有的生活

---

① ［荷］斯宾诺莎著《伦理学》，贺麟译，商务印书馆，1983 年第 2 版，116-117 页。
② ［俄］陀思妥耶夫斯基著《卡拉马佐夫兄弟》（上、下），荣如德译，上海译文出版社，2015 年，272 页。

物资都来自他所拥有的土地；然而，他又修习了《社会静力学》这样的作品，认为土地私有不合理，故而：

> 他必须在二者中选择其一：要么像十年前处理他父亲的二百俄亩土地那样，放弃他的私有财产，要么以默默接受的方式承认自己以前的一切想法都是错误和荒谬的。第一条他做不到……至于第二条……他无论如何做不到。①

现实的状况，恐怕正如聂赫留朵夫的连连叹息与喃喃自语：

> "我可以欺骗别人，可是我欺骗不了自己。"②

然而，认知失调又是一个值得反复玩味的现象。如果一个人总是保持内心一致，生活不免沦为暮气沉沉的一潭静水。"一切要求一致，反而让心灵呆滞。"③ 正如这位以色列历史学家所昭示的：认知失调或许算得上是人类心理的一种"问题"，但其实同样是一项关键的"特性"，如果人真的无法同时拥有互相抵触的信念和价值观，很可能所有的文化都将无从建立或无以为继。黎巴嫩诗人纪伯伦的散文诗说："我与另一个自我从未完全一致过。"④ 显然他也是持着这个类似观点。总而言之，人的内心貌似是一个复杂而深邃的容器，盛满了各式思绪的纷杳液体，这些液体颠来又倒去，并不安稳，更不整齐。——这就是人。

故而，从这个思路出发，我们更要摒弃一切本质主义的观点（发展到极致就是宿命论的观点）。人，其实是变化的、多元的、复杂的——这或许就是尼

---

① ［俄］列夫·托尔斯泰著《复活》，力冈译，译林出版社，2013 年，17 页。
② ［俄］列夫·托尔斯泰著《复活》，力冈译，译林出版社，2013 年，102 页。
③ ［以色列］尤瓦尔·赫拉利著《人类简史：从动物到上帝》，林俊宏译，中信出版社，2014 年，161-162 页。
④ ［黎巴嫩］纪伯伦著《纪伯伦散文诗经典》，李唯中译，译林出版社，2019 年，428 页。

采所暗示的奔腾不止的生命之流的无穷激荡吧！①

在《复活》这本杰出的小说中，托尔斯泰同样说得十分透彻而生动，无论在哪个时代大抵都是如此：

> 有一种极其常见、极其普遍的宿命论点，认为每一个人都有自己的一成不变的本性，认为人有善良的，有凶恶的，有聪明的，有愚蠢的，有热情如火的，有冷若冰霜的，等等。其实，人往往不是这样的。我们说一个人，可以说他善良的时候多于凶恶的时候，聪明的时候多于愚蠢的时候，热情如火的时候多于冷若冰霜的时候，或者正好相反。如果我们说一个人是善良的或者聪明的，说另一个人是凶恶的或者愚蠢的，那就不对了。然而我们总是这样把人分类。这是不合实情的。人好比河流：所有河里的水都一样，到处的水都一样，可是每一条河都是有的地方狭窄，有的地方宽阔，有的地方湍急，有的地方平缓，有的地方清澈，有的地方浑浊，有的地方冰凉，有的地方温暖。人也是这样。每一个人身上都具有各种各样人的本性的胚芽，有时表现出这一种本性，有时表现出那一种本性；有时变得面目全非，其实还是原来那个人。在有些人身上，这种变化往往特别急剧。②

既然说到了宿命论，我们就来顺道补缀几笔关于占星术的话题。

应该坦率地承认，天文学的发展和古代占星术有着密切的关系。一个最直观的例子就是 Astrology 与 Astronomy 这两个单词，前者是占星术，后者是天文学。（衍生地，还有 Astrologer 与 Astronomer 这两个单词，前者是占星学家，后者是天文学家。③）想一想，我们日常所用的英文单词，有多少是以词尾 -logy 作结尾的呢！ Psychology（心理学）、biology（生物学）、archaeology（考古学），如此等等，难以胜数。似乎可以大略地讲，凡是以词尾 -logy 作结尾的词，恐

---

① 参见余虹著《艺术与归家——尼采·海德格尔·福柯》，中国人民大学出版社，2005 年，19 页。

② ［俄］列夫·托尔斯泰著《复活》，力冈译，译林出版社，2013 年，196 页。

③ ［英］迈克尔·霍斯金著《天文学简史》，陈道汉译，译林出版社，2013 年，英文 21 页、中文 20 页。

怕都和某一个学科有关系。而考虑 Astrology 与 Astronomy 这两个单词，我们却惊异地发现，词尾 -logy 是属于占星术的。这个词汇辨析，或许已经足够令我们得以洞见那些远古的事实：占星术是一门完善的学科；而天文学竟姗姗来迟，以致不得不另觅他辞。难怪中国著名学者朱谦之会说："占星学可算是天文学的母亲！"① 只不过，这种历史追溯，在不少人看来，却是完全无必要的，因为把天文学和占星术联系在一起似乎反倒是对天文学的贬低。库恩的一段讽刺性论述，讲的就是这种心态："无论是关于科学的现在还是过去，过多的历史细节，或是对已提出的历史细节的过多渲染，只能不适当地给人类的偏见、错误和误解以地位。为什么要去夸耀科学以其最好、最持久的努力才得以抛弃掉的东西呢？"② 既然占星术看起来已经是被天文学所淘汰的旧体系了，那就干脆把它扔进历史的垃圾堆里好了。然而，这种直接将历史感予以剔除的做法，虽则利索，有时也会导致严重不足，即无法对科学发展的来龙去脉进行客观叙述与评价，仿佛科学史总是直线式的或累积性的，但事实上并不是。——也就是说，只有知道了占星术到底"偏颇"在哪里，我们才能更明白天文学到底"正确"在哪里；或者说，我们只有知道了占星术的"崎岖小路"如何踬踣丛生，我们才能更明白天文学的"康庄大道"如何修远不易。

占星术始终相信：同一天出生的人，除了生日相同，一定还有其他相同的地方。这其实就是一种本质主义了。《太阳城》里的一句话说得真切："在同一个时日同一个星座照临时出生的儿童，他们的天分、性情和面貌大多数是相似的。"紧接着，《太阳城》还推论了一句："因此他们总是互助互爱，而使这个国家呈现一片和谐的景象。"③ 在《太阳城》的作者看来，占星术的关键点恐怕在于从"个人"走向"社会"，即能够使个体和群体都在某种冥冥指导下获得相宜的发展。

可是，占星术显然无法回答下面这两个问题：张三和李四是同一天出生的，

① 朱谦之著《文化哲学》，商务印书馆，1990 年，115 页。

② ［美］托马斯·库恩著《科学革命的结构》，金吾伦、胡新和译，北京大学出版社，2012 年第 2 版，116 页。

③ ［意］康帕内拉著《太阳城》，陈大维等译，商务印书馆，1980 年第 2 版，20 页。

但张三和李四性格迥异，这是为什么？王五和孙六是不同星座的，生日相距甚远，可俩人性格居然极为相像，这又是为什么？

这种情况，说得学术一些就是："本质主义的论断首先不能用来解释为什么同一群体之内存在差异，同时也不能解释不同的群体之间为什么存在相似性。"① 西方占星术之所论，和我们中国人说生肖的情况完全一样：属猴的人有聪明的，可也总有笨拙的；属虎的人有强悍的，可也总有孱弱的。因而，"属猴的人聪明又活泼，因为他们属猴"，"天蝎座的人行事神秘而冷峻，因为他们是天蝎座的"，诸如此类，都是本质主义的思维，都是把一些固定的"本质"作为普遍的东西归于某一特定的人群。

亲爱的读者们，如果你认同了本书的上述所论，那么对于下述惯常说法就应该怀有尤其深刻的警醒："北方人慷慨又粗粝，因为他们是北方人"，"男人强悍又鲁莽，因为他们是男人"，这不依然是本质主义的固有思维吗？借着本质主义的名义戕害人类文化的多样性，这样的事情并不少见。

对于"本质主义"，我们坚决反对。

---

① 陶东风、和磊著《文化研究》，广西师范大学出版社，2006 年，56-57 页。

第六章　你与我：人际传播

第一节　我与你

　　柏拉图笔下最著名的篇章——《会饮篇》里，有一个奇特的溯源故事。大意是说，原初的人，本来长得像一个圆球似的，生有一个脑袋、两张脸、四只耳朵、四条腿、四只胳膊。为了削弱人类的势力，大神宙斯却把人硬生生切成两半。人被这样切成两半后，每一半都急切地欲求自己的另一半，恨不得合到一起。人与人彼此间之所以寻求亲密关系，其实不过是回复自然的冲动，也就是让分开的两躯合为原初的一体。[①] 我与你，正因如此而遥遥相望又默默相惜。

　　不消说，人际传播是人与人之间的传播活动，是人与人之间社会关系的集中体现。该领域的研究常常使人感同身受：对研究结论的理解，与自身的个人体验，此二者很容易融合。劳伦斯的笔下，流淌出这样一首诗——《学校里最珍贵的》，讲的就是教师与学生之间的温情脉脉的互动与反馈，下面是摘录的中间三段：

　　　　这样真是甜蜜，上午的阳光舞动着
　　　　越来越灿烂，我独自陪伴一个班。

---

① Plato, *The Symposium*, edited by M. C. Howatson and Frisbee C. C. Sheffield, Cambridge University Press, 2008, pp.22-24. 此处可以参照中国神话传说里的"蒙双氏"，姑且抛开前因后果不论，据说也是双头、四手、四足的怪物一族。参见袁珂著《中国神话传说》，北京联合出版公司，2016 年，86 页。

我感到一道觉醒的涟漪

从我流向孩子们，沐浴他们聪颖的心田

在这短暂的时光里。

这个早上，真是甜美

感到孩子的目光把我照亮，

再倏忽间明亮地转回到作业上。

每个人都带着自己的发现

转瞬离开，如同鸟儿偷了食就飞向蓝天。

一阵阵抚摸落在我身上

他们的目光在我这里寻找

力量的食物，开心地品尝。①

读完了劳伦斯的诗，回过头来看学者们的论述，我们就豁然洞悉了：

> 人们对学校、对教师的崇敬之情从来都是远远不够的，老师们始终都
> 明白，教育最根本的理念超越信息和知识，需要通过活生生的人们之间的
> 复杂对话才能实现。……没有了人际传播，就不会有知识的传播，就不会
> 有教育。②

恋人之间的感情，更是无需多言的。叶芝的名作《当你老了》，把这种人
与人之间至深至纯的情愫描绘得淋漓尽致：

> 当你老了，青丝斑白，睡意绵绵，

---

① ［英］劳伦斯著《重返伊甸园：劳伦斯诗选》，毕冰宾译，人民文学出版社，2018 年，26 页。
② ［法］多米尼克·吴尔敦著《信息不等于传播》，宋嘉宁译，中国传媒大学出版社，2012 年，39 页。

　　　　　在炉火旁打起瞌睡，请你取下这本书，
　　　　　慢慢地读，静静地回想：
　　　　　你眼睛中有过的温柔，和深深的忧伤；

　　　　　多少人爱你青春欢畅的时刻，
　　　　　爱你的美丽，用假意或者真心。
　　　　　但是只有一个人爱你那朝圣者的灵魂，
　　　　　爱你容颜老去时的悲伤；

　　　　　你在红红的炉栅前弯下腰，
　　　　　有些哀伤地默默低声自语，爱情，
　　　　　它是如何逃到了头上的山峦间，踱步，
　　　　　将脸庞隐没在繁星间。①

　　"头上的山峦"甚至可以被理解为额上的皱纹。人终究会老去，恋人间的绵绵情意却未衰减。如果说叶芝笔下的恋情是人世沧桑所沁润的温恬濡沫，那么，歌德笔下的恋情就是一见倾心所绽放的绚烂花火：

　　　　　我已经上百次起了去搂她脖子的念头！伟大的上帝知道，一个人看到面前有那么多心爱的东西，却不能伸手去拿，他心里多么难受呀！伸手去拿，这原本是人类最自然的本能。婴儿不是见到什么都抓吗？——而我呢？②

　　德意志的"维特"启发了法兰西的巴特，后者写下了《恋人絮语》。巴特在这本书中谈及了许多特别有趣的恋爱感受，譬如说"归类"还是"无类"。

---

① ［爱尔兰］叶芝著《当你老了》，宋龙艺译，北京理工大学出版社，2015 年，24 页。
② ［德］歌德著《少年维特的烦恼》，韩耀成译，译林出版社，2010 年，86 页。

我们每个人可能都会煞有介事地宣称，我爱慕怎样的一类人——"勤快""聪慧""幽默"等，可这样说的时候，我们其实并未切实碰到这个人；而一旦碰到所爱之人，上述这些"类"就一下子烟消云散了。巴特说，"归类"无非是俗套，恋爱却瓦解、动摇、超越了俗套。面对所爱之人，我们只会觉得任何形容他的词语都不够贴切，他确乎是"无类"的，即他是无法被研究的。巴特说："真正的独特性，它既不体现在对方身上，也不体现在我身上，而在于我们之间的关系。"① 爱情莅临于人，其目的不是要人渴慕爱情，而是让人确信这世界因爱情而具有意义。"生命从世界得到资产，爱情使它得到价值。"② 思来想去，大概只有一个词可以勉强用来形容他，即"纯真"。纯真，"纯然的真实"，因为他乃是他，他不是任何旁人。为他，星云流转；为他，户牖洞开；为他，盈手白露，而听天色渐渐地曙。

　　当然，爱情虽然美好，却往往又与情愁、痴怨、疾病、死亡这些"负面的东西"相生相伴，这是人类需要面对的残酷而真实的境况。无论是《霍乱时期的爱情》③ 这样的长篇魔幻主义作品，还是《爱情故事》④ 这样的中篇现实主义作品，抑或是《夜莺与玫瑰》⑤ 这样的短篇象征主义作品，讲的都是这样的事：生命多舛，世事叵测，不知在多少人的心头玩弄过这套绞人心肠的把戏。

　　恋人情，我们已然提及；父母与孩子之间的骨肉亲情，那就更是血浓于水、无远弗届了，它时时刻刻鼓舞着、慰藉着、沁润着我们的稚嫩心灵。泰戈尔曾经这样吟咏妈妈：

　　　　我不记得我的母亲，

　　　　只在我游戏中间

　　　　有时似乎有一段歌调在我玩具上回旋，

① ［法］巴特著《恋人絮语》，汪耀进、武佩荣译，上海人民出版社，2016 年第 2 版，26-27 页。

② ［印度］罗宾德罗那特·泰戈尔著《飞鸟集》，郑振铎、冰心译，译林出版社，2010 年，9 页。

③ 参见［哥伦比亚］加西亚·马尔克斯著《霍乱时期的爱情》，杨玲译，南海出版公司，2012 年。

④ 参见［美］埃里奇·西格尔著《爱情故事》，舒心、鄂以迪译，上海译文出版社，2011 年。

⑤ 参见［英］王尔德著《夜莺与玫瑰：王尔德童话全集》，王林译，译林出版社，2022 年。

是她在晃动我的摇篮时候所哼的那些歌调。

我不记得我的母亲，
但是当初秋的早晨
合欢花香在空气中浮动，
庙里晨祷的馨香向我吹来像母亲一样的气息。

我不记得我的母亲，
只当我从卧室的窗里外望悠远的蓝天，
我觉得我母亲凝注在我脸上的眼光
布满了整个天空。[①]

　　进一步地，既然人与人的交流如此重要，那么，人的文化与人的文化之间的交流自然也是重要无比的。德国哲学家马丁·布伯曾经高屋建瓴地指出，每一文化其实都是在文化的彼此交融中建立起来的，而这种文化间的交流与融通甚至是某一文化得以臻至鼎盛的必要条件，任一文化的发展都不可能单另而独立地进行，它总会受到其他文化的影响。马丁·布伯认真地讲：

　　　文化类型表面上固然相互独立，但它们在其发展历程的某一阶段总要承受其他先在文化的历史影响，"它"之世界由此渗透入每一文化。此阶段不必是某一文化产生的初期，但它肯定存在于它鼎盛时期之前。它可能直接承受同时代之异文化，如希腊人接受埃及世界；它可能间接承袭已成历史陈迹的异文化，如基督教文明接受希腊世界。这样，各文化不仅通过其自身的经验，也通过汲取他文化之经验而扩展其"它"之世界。[②]

---

① 　泰戈尔所撰诗歌《母亲》，选自其作品《诗选》，参见［印度］罗宾德罗那特·泰戈尔著《飞鸟集》，郑振铎、冰心译，译林出版社，2010 年，213-214 页。
② 　［德］马丁·布伯著《我与你》，陈维纲译，商务印书馆，2015 年，37 页。

根据马丁·布伯的说法，几乎可以认为，对异文化的了解，乃是一种认识自身乃至成全自身的途径。如果确实如此，我们焉能坐视不理？焉能闭目塞听？愿意去了解，愿意去思考，愿意去探索，愿意去追寻，这才是我们应该拥有的立场与情怀。"一句话，你要低下头，承认你与他的相互关联。"① 千万勿忘，"我们栖居于万有相互玉成的浩渺人生中"！②

第二节　秘密

然而，需要紧跟着指出的是，彼此的交流并不等同于全然的坦白。或者说，秘密的保有或释放，这本身就是一种得以维系健康人际关系的高妙智慧。中国古语云"人至察则无徒"，正是此意。在日本作家川端康成的小说《湖》里，也讲过类似的意思：

> 没有秘密的地方是不会有什么友情的啊。岂止没有友情，连一切人的感情也不会产生。③

可是，同样是日本作家，夏目漱石笔下的那位"先生"却因为心中的那个秘密走上了绝路。④ 正如美国人类学家格尔茨所论，"人明显是这样一种动物，他极度依赖于超出遗传的、在其皮肤之外的控制机制和文化程序来控制自己的行为"，⑤ 每一个人其实都是文化与社会的造物，而不是纯粹的动物。动物大概是没有秘密可言的，所以大概也很难说存在任何友情。但是，人有秘密，人亦有友情。《圣经》也有这样的教诲：

① 王怡红著《人与人的相遇——人际传播论》，人民出版社，2003 年，202 页。
② ［德］马丁·布伯著《我与你》，陈维纲译，商务印书馆，2015 年，19 页。
③ 语出川端康成所著中篇小说《湖》，参见［日］川端康成著《雪国》，叶渭渠、唐月梅译，南海出版公司，2020 年第 2 版，141 页。
④ 参见［日］夏目漱石著《心》，竺家荣译，时代文艺出版社，2020 年。
⑤ ［美］克利福德·格尔茨著《文化的解释》，韩莉译，译林出版社，2014 年，56-57 页。

不要倚赖邻舍，不要信靠密友；要守住你的口，不要向你怀中的妻提说。①

弥尔顿笔下的人类始祖——夏娃与亚当，当初都是"一丝不挂"地走来走去的，他们确实没有任何秘密可言，二人不仅彼此"透明"，在上帝与天使面前更是全然"透明"：

他们就这样一丝不挂地走过，完全不避上帝或者天使的目光，因为他们思无邪；他们就这样手拉手走过，自从他们相遇在爱情的怀抱以来，他们是迄今最令人喜爱的一对；自从亚当生育子子孙孙后，他就是男人中最英俊的男人，夏娃就是女人中最美丽的女人。②

可是，夏娃与亚当的这个故事的基本走向却恰恰是：人，总不可能保持着这种"透明"的状态。人既然为人，就需要与动物有所区别。所以，夏娃与亚当竟然也穿起了衣服，遮掩了裸体，因为他们偷吃了智慧树上的果子。人一旦拥有了秘密，也就同时拥有了智慧，从此不再被上帝眷顾，被彻底逐出了伊甸园；然而，也正因此，人最终成为自由而独立的人，而不再是任何人——哪怕是至上神祇——的附庸。毋宁说，自由是人的前提。清华大学教授黄裕生加以引申，他讲：

爱的法则也就是自由的法则，因而也就是自尊 - 自立 - 自主的法则。爱他人，在根本上就是要协助、尊重、维护他人的自立 - 自主 - 自尊的自由存在。③

---

① 《圣经·旧约·弥迦书》第 7 章。
② ［英］弥尔顿著《失乐园》，刘捷译，上海译文出版社，2012 年，146 页。
③ 黄裕生著《摆渡在有 - 无之间的哲学：第一哲学问题研究》，清华大学出版社，2019 年，77 页。
对于"自由"问题的深刻论述，参见［英］以赛亚·伯林著《自由论》，胡传胜译，译林出版社，2011 年，170 页。

更何况，抛开上古传说的隐喻，当我们认真审视身边的日常生活，亦会发现，人与人的性格确乎各不相同。对于那些敏感而腼腆的人来说，秘密的保有与隐藏的情况似乎更加普遍，甚至感情或情绪的表达也是十分有限度的。陀思妥耶夫斯基讲过这样的情况：

> 在某些感情温柔而又细腻的人身上，有时候往往有一种洁身自好的固执，不愿意暴露自己，甚至对自己心爱的人也不愿意显山露水地表现出自己温情脉脉，不仅人前，甚至私下里也不愿意；而且私下里有过之而无不及……①

诚然，秘密的保有又呈现出了更为复杂而迷离的棱面：

> 我要他们想象着要做一台手术，病人是吸毒者，而且毒品与麻醉相互抵触，病人对于自己沉溺吸毒又很难为情，不愿意告诉麻醉师真实情况。那么，如果是您，您会告诉麻醉师吗？我要他们想象着要审判一桩案件，被告如果不承认自己是左撇子就要判刑，因为罪犯是用右手作案的。那么，您会跟审判官说实情吗？②

《朗读者》里提到的两个情况：吸毒者对于自身吸毒史的隐瞒，左撇子对于自己惯用手是左手这件事的隐瞒，都确乎牵扯到了更为复杂的境况。看来，秘密的保有或释放，除了个人性格是其关键因素，政治规训（politically regulated）同样是其关键因素甚至是更重要的因素。③ 仅以左撇子为例，在一些文化中，"左撇子"被视为不祥，所以，生来左撇子的人不得不刻意隐瞒这个倾向，因为害怕遭受社会打击。"一个以极不诚实的态度压制人的自然本性

---

① ［俄］陀思妥耶夫斯基著《被侮辱与被损害的人》，臧仲伦译，译林出版社，2010年，62页。
② ［德］本哈德·施林克著《朗读者》，钱定平译，译林出版社，2009年，121页。
③ Lisa Duggan and Nan D. Hunter, *Sex Wars: Sexual Dissent and Political Culture*, Routledge, New York, 2006, p.144.

而犯了罪的社会，总是最无情地反对那些泄露了它的秘密并公之于世的人。"①
而随着文明的进步，人们逐渐接受了左撇子的人，这件事也就变得无关宏旨毋
宁说顺其自然了。甚至"左撇子"这个略带污名化的名称也逐渐被"左利手"
或"左势手"这样更为中性、客观的名称所代替。总而言之，左撇子这件事应
该不应该隐瞒或需要不需要隐瞒——在极大程度上并不是由个人性格或个人意
志决定的，而是由社会大环境（开明与否、宽容与否、进步与否）决定的。可
想而知，类似"左撇子"这样"或被隐瞒"的事情或现象，我们的生活中其实
还有很多、很多。

第三节　陌生人

前文提到了关乎"秘密"的话题，"陌生人"的话题接踵而至。

我们在生活中往往会有一个强烈甚至古怪的感触：内心深处的秘密是绝不
能对亲朋好友说的，可是，在一些场合，我们却不吝把这些秘密向一些陌生人
和盘托出。这是为什么呢？很多学者对此展开了研究，而且牵涉到了更为广阔
的研究领域——譬如城市化进程以及城市文化的问题。

很显然，在乡土社会里，基本是不存在陌生人的，大家彼此都是远亲或近
邻——阡陌交通、鸡犬相闻、黄发垂髫、怡然自乐——谁不认识谁呢？可是，
一旦进入水泥森林或钢筋苑囿，情况就大不一样了。城市文化其实是典型的陌
生人文化，城市中的个体——总体而言——谁都不认识谁。想一想咱们挤电
梯、挤公交的时候、游乐园热门游艺项目排大队的时候，在这样的场合里，陌
生人可以身贴身、脚碰脚、面对面地站立很长时间（甚至几个小时）而彼此不
说任何一句话——这样的情形在乡土社会里是根本不可能发生的。排队一旦排
到咱们了，或者坐车一旦坐到站了，那就赶紧按一个按钮或刷一回一卡通（往
往还能同时显示余额），生活场景就随之切换到下一个"界面"了。"如今的都
市生活是与陌生人的面对面交往加上与很'熟悉'我们的机器进行的电子媒介

---

① ［奥］斯蒂芬·茨威格著《昨日的世界——一个欧洲人的回忆》，舒昌善等译，广西师范大学
　 出版社，2004年，63页。

交往"，① 这难道不是最生动、最恰切的日常写照吗？

那么，处身于陌生人世界里，我们又该如何"应对"呢？可以参照着设想一下，在乡土社会里，我们事实上是无法视而不见的，毕竟都是乡里乡亲；但是，在城市生活中，我们却必须"视而不见"。社会学家鲍曼故而总结说，问题的解决之道无非就是两个：② 一个是减少甚至消除惊讶感或错愕感，习惯于与陌生人打交道，无论怎样都处之若素、波澜不惊；另一个是漫不经心，尽量使任何的偶然因素均成为与己无关的因素，从而把陌生人的任何行为都消融到自己无需注意和关心的黯淡背景中去。且让陌生与熟稔一样熟稔、让偶然与必然一样必然吧！

在如此这般的城市文化的大环境之下，我们反倒可以理解本节开始所提出的那个古怪问题了。我们不吝把内心秘密向一些陌生人和盘托出，这恰恰因为，我们知道陌生人其实是不会对我们的秘密感兴趣的，更不可能对此付诸长久的记忆。我们当然可以在某个"午夜情感电台"向某位"知心姐姐"事无巨细地倾诉衷肠，正因为我们明明知道姐姐这一晚上要忙着"疗愈"十二个以上的受伤心灵。鲍曼故而说：

> 愉快正是来自相互的疏离，来自责任和保证的缺乏：陌生人之间不管发生什么事情，都不会有长久的义务拖累他们，在其后都不会留下可能比快乐时刻（表面上易于控制）更长久的影响（显然难以决定）。③

谈及此处，我们确乎也可以更加深刻地理解若干经典思想家如马克斯·韦伯、乔治·西美尔等人的思想了。这些思想家尤其喜欢研究城市，恰恰因为他们把城市看作人类文化创造力的体现。在他们眼中，城市是多元化和多样性的领地，是我们接触陌生人的地方，是我们从接触他人的过程中反思自己、认识

---

① ［美］马克·波斯特著《第二媒介时代》，范静哗译，南京大学出版社，2005 年，67 页。
② ［英］齐格蒙·鲍曼著《生活在碎片中——论后现代道德》，郁建兴等译，学林出版社，2002 年，142 页。
③ ［英］齐格蒙·鲍曼著《生活在碎片中——论后现代道德》，郁建兴等译，学林出版社，2002 年，147 页。

自己的特质并通过与他人的对话和交流丰富、完善自我的地方。① 如此一来，看似纷至沓来的若干话题与若干概念——自我、秘密、陌生人、城市、对话、文化多样性——业已悄然汇流于一道了。

英国长篇小说《一个人的朝圣》（*The Unlikely Pilgrimage of Harold Fry*）是关于城市文化的一个好例。一个叫哈罗德（Harold Fry）的人，因为一个古怪而高尚的念头，决定徒步旅行，几乎穿越英国全境。一路上，哈罗德碰到了形形色色的人，其中就包括都市里的陌生人。有一次，哈罗德正在一个车站咖啡厅喝茶，突然"邂逅"了一位银发绅士，邂逅的原因仅仅是这位银发绅士恰好坐了哈罗德对面的空座。这位银发绅士严肃有余，不苟言笑，举止优雅，但他事实上却有一个诡异而莫名的癖好：舔另一个人的鞋子。——大概属于"恋物癖"那种亚文化吧！银发绅士内心遇到了巨大困扰，却无法"为外人道"；意料之外又在情理之中，银发绅士毫无遮掩地向恰巧坐在对面的哈罗德"和盘托出"了他自己的所有心事，并恳请哈罗德能给一些建议。作为"全然的陌生人"的哈罗德，听其所言，本来十分窘迫，随后反倒泰然；哈罗德给出了建议，银发绅士向哈罗德道谢。二人遂道别，再不复见——

　　……哈罗德心中一亮，笑了起来。他明白了，在弥补自己错误的这段旅途中，他也在接受着陌生人的各种不可思议。站在一个过客的位置，不但脚下的土地，连其他一切也都是对他开放的。人们会畅所欲言，他可以尽情倾听。一路走过去，他从每个人身上都吸收了一些东西。他曾经忽略了那么多的东西，这点小小的慷慨是他对奎妮和过去的亏欠。②

这确乎是《一个人的朝圣》里最精彩的一个情节。本书刚刚叙及的若干概念——自我、秘密、陌生人、城市、对话、文化多样性——似乎全都隐约而摇曳地浮现于这个不得不令读者拍案叫绝又抚卷深省的情节里了。

① 联合国教科文组织《文化多样性与人类全面发展——世界文化与发展委员会报告》，广东人民出版社，2006年，145页。
② ［英］蕾秋·乔伊斯著《一个人的朝圣》，黄妙瑜译，北京联合出版公司，2023年，90-91页。

第七章 文明、文化、亚文化、跨文化

第一节 跨文化传播

同一文化背景下的传播，交流是自然而然的，甚至感觉不到这算个什么事情。一旦进入跨文化传播的情境，传播就成了一件显在的事情，因为传播得以进行的符号组合、规范、意义都存在差别。这时"文化"之于跨文化传播具有决定性意义。

文化的分类林林总总，其中有一种分类标准是被传播学者特别青睐的，即：高语境文化与低语境文化的分类。美国学者爱德华·霍尔认为，根据交流中传达的意义是来自交流的场合还是来自交流的语言，文化可被分为高语境与低语境（又译强势语境和弱势语境）。在高语境文化中，传播的意义主要依赖于语境而不是可见的语义符号，因而传播是含蓄而模糊的，注重"意会"。与此相反，在低语境文化中，传播的意义主要依赖于语义符号，语境对传播的意义并不明显，因而传播是直接而明确的，注重"言传"。

捷克小说家昆德拉有这样一个说法，十分生动：

> 他们完全明白彼此所说的话语在逻辑上的意思，却听不到话语间流淌着的那条语义之河的低声密语。[1]

---

[1] ［捷克］米兰·昆德拉著《不能承受的生命之轻》，许钧译，上海译文出版社，2003年，106页。

"逻辑上的意思"是"言传";"话语间的低声密语"是"意会",是字里行间隐潜着的各种弦外之音。

日本的一些小说描绘了这种"高语境"之奥妙。譬如《白夜行》中的一双男女,他们虽然彼此倾心,然而其告白之语言却非常迂回、含蓄、摇曳:

> (高宫诚、三泽千都留)他们在赤坂的某家酒店。在法国餐厅用餐后,两人来到这里。
>
> "应该道谢的是我,总觉得这几年来的郁闷一下子全烟消云散了。"
>
> "你有什么郁闷的事吗?"
>
> "当然喽,人家也是有很多烦恼的。"说着,千都留喝了一口"新加坡司令"。
>
> "我啊,"诚摇着装了"芝华士"的玻璃杯说,"能遇见你真的很高兴,甚至想感谢上天。"
>
> 这句话可以解释为大胆的告白,千都留微笑着,微微垂下眼睛。①

法国文豪雨果的笔下,也有这样的"高语境"段落——"言传"并不必要,"意会"足矣:

> 他跌坐到长凳上,她靠在他身旁。他们不再说话。星星开始放出光芒。他们的嘴唇怎么会相遇的?想一想鸟儿怎么会歌唱,白雪怎么会融化,玫瑰怎么会开放,五月怎么会鲜花怒放,拂晓怎么会在颤抖的山丘顶上树林后面泛起白光,就会知道了。②

同样是欧洲的大文豪,莎士比亚笔下的男女表白可就"低语境"得多了:

---

① [日]东野圭吾著《白夜行》,刘姿君译,南海出版公司,2017年第3版,356页。
② [法]雨果著《悲惨世界》(上、下),潘丽珍译,译林出版社,2010年,854页。

费迪南：……当我第一眼看见你的时候，我的心就已经飞到你的身边，甘心为你执役，使我成为你的奴隶；只是为了你的缘故，我才肯让自己当这个辛苦的运木的工人。

米兰达：你爱我吗？

费迪南：天在顶上！地在底下！为我作证这一句妙音。……超过世间其他一切事物的限界之上，我爱你，珍重你，崇拜你！

米兰达：我是一个傻子，听见了衷心欢喜的话而流起泪来！ ①

不消说，从高低语境文化的分野，我们已然从中得到一些启示。就文化评价而言，人们必须放弃对"唯一"答案的执拗追寻。

继而言之，我们应该有一个总的认识原则：各个民族有各个民族的活法，各个时代有各个时代的活法——延伸下去也无非就是承认，各种人有各种人的活法。这恐怕便是人类文化的核心要义所在。或者说，倘若我们坚持某种统一的判定标准，将某种所谓的"局部常态"当成不可规避的生存必然，那么我们在对待绚烂多姿的人类文化的时候就必定会受阻。再进一步说，的的确确，人类的文化是多元的、复杂的、不拘一格的、生生不息的，文化之间或许互不兼容，却各有千秋。一言以蔽之，"不要习惯性地去寻找一种简单（甚至是不现实的）统一答案"。② 雪莱的名句，我们应该不断重温：

> 我们呵，——我们岂不正像是音谐，
> 虽然彼此不同，却合成一种音乐？
> 不同，但不是不调和，正好凑成
> 美的乐音，一切精灵会对它颤动，
> 有如树叶颤动在不断的微风里。③

---

① ［英］莎士比亚著《暴风雨》，朱生豪译，中国青年出版社，2013 年，65-67 页。

② 常江、田浩撰《洪美恩：文化研究是超越国族的世界主义——不确定时代的身份迷思》，载于《新闻界》2018 年第 3 期。

③ ［英］雪莱著《雪莱抒情诗选》，查良铮译，人民文学出版社，1958 年，260 页。

法国作家纪德的小说则在另一个意义上提到了跨文化交流的妙处：或许可以直接提升自己的自豪感。这么讲是有道理的。因为，跨文化交流毕竟是有难度的，而一旦有所"成效"，对自己而言就是一种可贵的"鼓舞"。《窄门》的女主人公曾这样说：

> 我喜欢弹钢琴练习曲，是因为觉得每天都能有所进步。这或许也是我喜欢读外文书的原因所在。我当然不是因为喜欢外文多过本国语言，也并非觉得我欣赏的本国作家比不上外国作家。而是因为在理解外文的意义和情感时，会有轻微的难度。一旦攻克了它，一旦理解得越来越好，也许会产生一种无意识的自豪感。在精神愉悦的同时，增添某种道不明的心灵满足。我似乎少不得这种满足。[1]

《窄门》的这个说法，也就是新西兰哲学家斯蒂芬·戴维斯（Stephen Davies）所讲述的意思："得到最深的满足感，往往不是依靠你获得了什么，而是依靠它有多么难以获得。"[2]

20 世纪 70 年代初期，荷兰心理学家霍夫斯泰德（Geert Hofstede）对 IBM 公司来自 53 个国家的雇员的相关材料进行了研究。1980 年，他发表了《文化的后果》一书，提出四个衡量价值观的文化维度——这四个维度的影响同样是非常巨大的。

表 7-1：霍夫斯泰德提出的四个文化维度

四个维度	主要旨归
集体主义抑或个人主义	按照某一文化对个人、集体，以及它们之间的相互关系的认识，霍夫斯泰德将看重个人的价值和独立精神的价值观冠以"个人主义"或"自我导向"，而将个人服从集体的价值观冠以"集体主义"或"集体导向"，作为区分不同的文化的一种标尺

---

① ［法］纪德著《窄门》，顾琪静译，天津人民出版社，2018 年，147 页。
② ［新西兰］斯蒂芬·戴维斯著《音乐的意义与表现》，宋瑾等译，湖南文艺出版社，2007 年，272 页。

续表

四个维度	主要旨归
规避不确定性与否	人们的生活，是一个不断地由不确定到确定的循环过程。霍夫斯泰德根据人们对外界不确定性规避的程度，将文化分为"高度不确定性规避"的文化和"低度不确定性规避"的文化
权力距离大抑或权力距离小	权力在社会中的分布是不平衡、不均匀的。根据这一前提，霍夫斯泰德根据社会成员与权力之间的关系将文化分为"较大权力距离"的文化和"较小权力距离"的文化
男性文化抑或女性文化	霍夫斯泰德还将文化分为男性特征的文化和女性特征的文化。在男性特征文化里，性别角色比较突出。在女性特征文化里，性别角色比较模糊或曰性别角色不甚分明

古希腊历史学家希罗多德曾经叹惋："如果向所有的人们建议选择一切风俗中在他们看来是最好的，那么在经过检查之后，他们一定会把自己的风俗习惯放在第一位。每个民族都深信，他们自己的习俗比其他民族的习俗要好得多。"①不错，文化中心主义恐怕是人类无可避免的普泛心理倾向。这就更加证明了：对不同文化维度的了解与理解，乃是一件如此重要与紧迫的事情。霍夫斯泰德提出四个衡量价值观的文化维度，其要义恰是提出了可依循、可参照、可斟酌的若干标准或视角，而并不是为了比评各个文化之高下。

事实上，各个文化，各有千秋，也确实是无从判断高下的。如果抱着必须比评出高下才算研究透彻了的话，跨文化传播研究也就背离它的研究初衷而误入歧途了。

另外一个需要提及的学术话题是，霍夫斯泰德论说的四个维度，彼此之间是不是独立的？也就是说，这四个维度彼此之间会不会互相影响呢？恐怕也是会有若干影响的。譬如，权力距离与集体主义这二者就彼此掣肘。数据显示，集体主义倾向与权力距离小的倾向几乎不可能在某一具体（民族）文化里同时出现；亦即，一个尤其强调集体主义的（民族）文化，就不可能是一个特别强

---

① ［古希腊］希罗多德著《希罗多德历史》（上、下），王以铸译，商务印书馆，1959年，247页。

调平等的（民族）文化。[①] 当然，文化的问题毕竟十分复杂，更为深入的研究、更为翔实的数据，始终值得我们积极探索与热忱期待。

第二节 亚文化

在某种意义上，同一种文化中的亚文化（sub-culture）之间的传播，也可以被视为跨文化传播。那么，什么是亚文化呢？大致地说，"亚文化是处于从属、边缘地位的青年群体试图通过风格化或另类的符号等作为载体对主流文化的抵抗，从而建立起区别于其父辈文化的附属性文化"。[②] 这个定义，突出了三个要点：

——亚文化是从属性质的文化，它必然归于一个更大、更广的文化之内；

——亚文化是通过一些特定符号表达出来的，这些符号往往比较"另类"，如果没有特定符号，也就无从体现亚文化了；

——亚文化总是带有抵抗（或曰"不合作""反常规"）的气质。

诚然，亦有学者指出，"亚"这个字眼儿容易给人留有"矮人一等"或"逊人一筹"的错觉，这似乎是对"亚文化"的污名化，所以不如用"群体文化"代称，这自然是学术界的复杂争论之所在。[③]

美国学者迪克·赫伯迪格所著的《亚文化：风格的意义》一书，是关于"亚文化"的一本经典读物。这本书的核心主旨是试图阐明亚文化的"不合作"特

---

① 参见［美］莫滕森编《跨文化传播学：东方的视角》，关世杰、胡兴译，中国社会科学出版社，1999 年，12 页。

② 翁昌寿著《理解文化产业：网络时代的文化与意义生产研究》，中国广播影视出版社，2016 年，15 页。

③ "许多年以来，社会科学文献一般用'亚文化'来指代那些生长在主导文化之下，却属于另一个文化的个人和群体。但到了近几年，这个术语已经被代替，概念也被重新定义。因为前缀'sub'暗含此文化非主导文化的，是有缺陷的，能力不够的，而且还包含'好坏和高下之分'的意思，于是人们开始使用'群体文化'一词。我们认为把亚文化改为群体文化是合适的。"参见［美］拉里·A.萨默瓦、理查德·E.波特著《跨文化传播》，闵惠泉等译，中国人民大学出版社，2004 年，48 页。

质，亚文化终归是"各立门户、自成一体"的。①《亚文化：风格的意义》一书还尤其提到了研究方法的问题：参与式观察陆续贡献了一些关于亚文化最生动有趣、最富启发性的记录，但这种方法的价值也因存在着某些严重缺陷而受到影响，特别是由于它缺乏任何分析性的或解释性的框架基础，这导致在实证主义占主导地位的主流社会学研究中，这些研究居于边缘位置。更为关键的是，虽然基于参与式观察的说明提供了丰富的描述细节，②但上述框架基础的缺省，使得阶级与权力关系的意义经常被忽视或者至少被低估。在这样的解释之下，亚文化往往被描述成一种于社会、政治、经济等较为广阔语境之外独立发挥作用的有机体。结果，这种说明所呈现的亚文化图像往往是残缺不全的。③

虐恋亚文化是这方面的一个典型例子。日本作家谷崎润一郎笔下的《春琴抄》可算一幅简洁而隽永的侧影。盲人女琴师——春琴——对待弟子非常严厉，动辄打骂，而不少跟随学习的弟子，不仅惯于忍耐，竟还甘之如饴。谷崎润一郎于是说："或许真正认真学艺的高段弟子之中，也不乏因盲目美女的教鞭尝到不可思议快感的，比起琴艺修业，这方面更吸引他们……"④春琴的大弟子——佐助——更是把这种"甘之如饴"彰扬到了惊世骇俗的极致程度。这种亚文化的实质说白了就是"一个愿打一个愿挨"，双方都表示衷心满意。故此，社会学家李银河评价说："虐恋最核心、最富正面意义的内涵——两个人之间的真正的亲密关系，或者说是一种'共谋关系'。"⑤传播学研究者陈力丹对此也有类似的评价。⑥那么，对于这种奇奇特特的亚文化，究竟又该如何看待？

---

① ［美］迪克·赫伯迪格著《亚文化：风格的意义》，陆道夫、胡疆锋译，北京大学出版社，2009 年，64 页。

② 试举一例，譬如说，朋克音乐偏爱高声部，雷鬼音乐偏爱低声部。故而，"朋克正面攻击传统的意义系统，而雷鬼乐则以省略和影射的手法去传达其信息"。参见［美］迪克·赫伯迪格著《亚文化：风格的意义》，陆道夫、胡疆锋译，北京大学出版社，2009 年，86 页。

③ ［美］迪克·赫伯迪格著《亚文化：风格的意义》，陆道夫、胡疆锋译，北京大学出版社，2009 年，96 页。

④ ［日］谷崎润一郎著《春琴抄》，赖明珠译，上海译文出版社，2016 年，46 页。

⑤ 李银河著《性文化研究报告》，江苏人民出版社，2003 年，166 页。

⑥ 陈力丹著《贞操带》，香港时代国际出版有限公司，2009 年，188 页、221 页。

正如前文所述，亚文化终归是"各立门户、自成一体"的，它终归不大可能被普罗大众广泛接受——然而，文化既然存在着这样或那样的奇特形态，人们也唯有对其逐渐了解、领悟、尊重而已，并且力求从这种"尊重"之中获得某种延伸的"自由感"或别致的"幽默感"，这恐怕也恰是跨文化交流的题中应有之意。

再譬如，当代中国，"二次元亚文化"非常火爆，说白了就是二维世界（漫画、游戏、图书等）里的人物成为偶像。对于此类亚文化的严谨研究，也是亟待开展的，它是当代中国青年亚文化的典型写照。《恋与制作人》《光与夜之恋》等游戏的全面铺开，更为此类亚文化的研究提供了最佳契机。

第三节　文化、文明、身份认同

另一个值得提及的话题是文明与文化的区隔。美国学者马兹利什坚持认为：

> 文明与文化两个概念爱恨交织的关系由此开始，当然我们只有在回顾过去、反思历史时才能看到这一切。文化可以是口头的；文明却似乎需要书写。文化可以是民间的某一项成就；文明则与公民社会（与城市相关）和公民身份密切相连。文化倾向于特殊和地方因素；文明则青睐不断扩张的帝国，且有普世情怀。这两个概念设想了人类纽带的两种方式，其中一种可能试图以田园牧歌般的生活方式来修补游牧、农业和城市之间的缝隙。[①]

我们可以胪列一个表格，予以简单说明：

表 7-2：文化与文明的区隔

	文化（Culture）	文明（Civilization）
时间	传统	未来
空间	本土	全球

① ［美］布鲁斯·马兹利什著《文明及其内涵》，汪辉译，商务印书馆，2020 年，153 页。

	文化（Culture）	文明（Civilization）
氛围	暖烘	冷冰
媒介	口头	书写
地域	田园	城市
属性	独享	普适

"文化"还是"文明"？这或许并不是一个"二选一"的问题，然而生活确实给了人们一种踟蹰感或曰疏离感，仿佛我们必须要"二选一"似的。

美国作家菲茨杰拉德的中篇小说《了不起的盖茨比》即是一个很有意思的文学典例。这部书的根本话题就是美国东、西部之间的矛盾。然而，美国东部，不仅指地理上的东部，它事实上指代"文明"，乃是从欧洲大陆传播与蔓延到美洲大陆的那种工业化、城市化的进程，以及伴随着这种进程而来的不可抗拒的生活图景的巨变，其中包括对金钱的日益渴慕、对权力的日益崇拜；美国西部，自然也不仅指地理上的西部，它事实上指代"文化"，乃是美国工业化之前的初民们勉力维系着的道德风貌与故土人情，以及风貌与人情所依稀牵绊着与萦绕着的归乡之恋。书中的一位主人公这样惋惜着说："这个故事归根到底是一个西部的故事……我们都是西部人，也许我们具有某种共同的缺陷使我们微妙地难以适应东部的生活。"[1]与其说是"西部"难以适应"东部"，不如更恰如其分地说，是"文化"难以适应"文明"。"文化"所牵引的、被冬青花环之窗影所掩映着与衬托着的小巧雪橇，无法翻越"文明"所铸造的、被水泥森林之峨冠所遮蔽着与笼罩着的广袤寒地。

《了不起的盖茨比》如果被认为是《文明及其内涵》的文艺翻版，似乎也有那么几分道理。诚然，当我们把目光再次落回到上述那个关于"文明"与"文化"的表格上的时候，我们似乎又感觉到有点儿武断的嫌疑。武断，恐怕是在所难免的。

---

① ［美］菲茨杰拉德著《了不起的盖茨比》，姚乃强译，人民文学出版社，2004年，159页。

插图 7-1：美国圣路易斯市的标志——大拱门，它象征着：从这里再向西行，就是美国西部了。当然，这仅是一个大概说法而已。

这里需要延宕一笔从而认真廓清的一个理论问题恰恰是：到底在何种程度上可以"做比较"呢？如果说，每个人及其生活经历都是独一的、非凡的、崭新的，那就无从进行任何比较了，因为没有意义，反正"各不相同"；然而，如果说，人类终归是人类，吃喝拉撒睡，其实都是一样的，那也同样无从比较，因为更没有意义，反正结果"必然相同"。故而，避免这种极端的"向上超拔"（抽象为人类）或"向下还原"（具体到每个人的日常生活本身），从而找到一个"适中"的位置或角度展开比较——方才是可行之法。这里借用科幻文学研究专家杨琼研究员的一句话来说：

> 虽然每个个体的经历和感受都是不同的，但科幻作为一种文化现象，其文化差异性在中观层面上——也就是国别层面上——是可以描述和研究的。[1]

笔者非常赞同杨琼研究员的判断。就文明、文化等问题而言，其差异性在

---

[1] 杨琼著《中国语境下科幻文学的文体建构》，广东高等教育出版社，2020 年，20 页。

中观层面上——国别层面上——是可以进行（至少是初步的）描述和研究的。自然而然地，与文化、文明问题息息相关的是（国家）种族理论的兴起。（国家）种族理论必然与全球化导致的外来移民的增加和种族矛盾加剧的社会背景有关。紧跟着，与（国家）种族理论相连，身份认同的问题接踵浮现于视野之中。

前文已经说过，同一文化背景下的传播，交流是自然的，甚至感觉不到这算个什么事情。一旦进入跨文化传播的情境，传播就成了一件显在的事情。那么，所谓"背景"，究竟该怎么去看待呢？一般认为，对于拥有稳定的社会文化环境的群体以及其中的个体而言，社群主义[①]（或以社会为中心）的身份理论具备良好的解释力。对于长期生存于稳定社会文化环境的群体而言，许多基于实证主义的经验研究都可以证实个体身份认同与社会文化环境的一致性，这种一致性是稳定的意义框架。罗尔认为"文化就是我们阐释自己和别人的框架"，[②] 即是此意。

社群主义的身份理论具有一个特性：它预设人们拥有"一以贯之"的稳定社会文化环境，而身份就在其中保持着自我的连续。然而，社群主义的话语却未考虑一种断裂的语境。随着时空分离，个体被抛入多种"历史经验与文化符码"的缝隙中。在此情况下，旧有的文化语境被打破而新的文化经验尚未塑造出明确的身份认同。伴随着移民与流散而形成的"散居族裔"正是如此情形。在小说《追风筝的人》里，主人公"阿米尔"，从阿富汗到巴基斯坦，从巴基斯坦到美国，始终不如意——最后因解救同父异母的兄弟的儿子，又辗转回到阿富汗，却发现物是而人非。[③]《追风筝的人》的一个核心主题显然是关乎散居族裔的身份认同问题的，这恰恰可被看作英国社会学家鲍曼笔下"思家病"或"寻家者"[④] 类似喻体的文学式写照。

---

① 尽管"社群主义"一词具有强烈的伦理学色彩，但在这里我们把它仅作为那些强调社会环境影响的身份理论的统称。

② ［美］詹姆斯·罗尔著《媒介、传播、文化——一个全球性的途径》，董洪川译，商务印书馆，2005 年，152 页。

③ 参见［美］卡勒德·胡赛尼著《追风筝的人》，李继宏译，上海人民出版社，2006 年。

④ ［英］齐格蒙·鲍曼著《生活在碎片中——论后现代道德》，郁建兴等译，学林出版社，2002 年，99-107 页。

在数字化生存的"赛博时代"，散居族裔的身份建构更加具备了一些新的特质。譬如，2020 年夏，作为华人的美国驻成都总领事夫人在国内外社交媒体上截然不同的形象引发了舆论热议，其在不同文化语境下矛盾的身份建构，正是这种"新的特质"的例证。2022 年春，一时风光无限的一位华裔姑娘因2022 年北京冬奥会而声名鹊起，然而她始终持有的美国国籍（甚至是一种被默认的中-美双重国籍）又成为街头巷尾谈论的热点。大略与之仿佛，美国学者博伊德曾讲述了一个美国黑人青年的故事：一个贫民窟黑人青年在申请大学时叙说了自己如何渴望通过努力逃脱充斥着暴力、毒品与贫困的贫民窟，但他的社交主页却充满了脏话与黑人帮派标志。[①] 因为，该青年必须依赖这种符号来表达出对底层黑人群体的身份认同，方可在贫民窟容身。当代媒介所营造的拟态环境，给散居族裔群体提供了更加灵活地应对文化身份裂隙的可能，移民们可以不必以统一的身份横亘于多种矛盾的文化语境之上，而可以利用"赛博分身"来差异化地应对这种困境。漫步者、流浪者、旅行者、比赛者，[②] 鲍曼的这些奇妙虚拟，在当下的具体生活中被赋予了实在形体。可是——漫步者、流浪者、旅行者、比赛者——无论是谁，鲍曼对其所持有的评价却都是较为悲观的。陆扬、王毅二位学者用一句话勾勒了其轮廓："鲍曼称现代文化有一种独特的悲剧特征：文化只有在其漂泊中才真正地觉得是在家里。"[③]

第四节　典例一则：泰国火船廊诗歌

如果说，建立在社群主义身份理论之上的身份研究所探讨的是关于"他是谁"的问题，那么基于文本身份的讨论则关注"他欲成为谁"。以文本身份来

---

① 转引自董晨宇、丁依然撰《当戈夫曼遇到互联网——社交媒体中的自我呈现与表演》，载于《新闻与写作》2018 年第 1 期。

② ［英］齐格蒙·鲍曼著《生活在碎片中——论后现代道德》，郁建兴等译，学林出版社，2002 年，99-107 页。

③ 陆扬、王毅著《文化研究导论》，复旦大学出版社，2006 年，53 页。与之对照，可以参考《荆棘鸟》中的一句名言："也许是因为无家无业、无处可去而产生的厌倦和漫无目的，才使他们不停地漂泊吧。"参见［澳大利亚］考琳·麦卡洛著《荆棘鸟》，曾胡译，译林出版社，2010 年，199 页。

窥探散居族裔的身份认同，即是通过对符号使用的分析，以期把握人们动态身份建构中的倾向。作为传统意义上最典型的符号文本，世界文学作品一直以来是流散文学与身份研究的关注重心。下面，本书试图再以一首泰国华人诗歌为例，展示一种可能的符号学研究视角。

泰国是中国移民最早到达的国家之一，早在 13 世纪就有华人前往泰国经商。19 世纪之后，泰国的劳动力需求与中国国内艰苦的生存条件促使了大批华人移民到泰国。"一战"后，前往泰国的华人数量达到了高峰，形成了大规模的"移民潮"。

在当时的时代背景下，移民大潮中前往泰国的华人群体，集体面临着文化语境断裂而产生的身份危机。现实经济利益与欧美民族主义文化的影响使得部分华人向往地位与权威，开始主动地放弃华人身份认同，转而彻底融入当地社会结构与文化语境。在如此"身份危机"的历史背景下，泰国华人的符号表达可以成为研究其文本身份的理想范本。

"火船廊"简称"廊"，原意指蒸汽船码头，目前是泰国当地的中泰文化艺术与历史的纪念地点。它于 1850 年为泰国"必沙布"家族的高官波山舒巴本所建，曾经是中国商人协会的中心。1871 年，陈慈黉先生从中国汕头移居至泰国，在火船廊经商。1919 年，其家族收购了火船廊。此后，其家族第五代成员修缮了火船廊原址，将其改名为"廊 1919"（"Lhong1919"）。① 本书所引的诗歌陈列于火船廊，全诗共分 17 节，每节 4 行，细腻地表达了华人移民在泰国生存的复杂感受。本诗的作者信息已经佚散，而文本身份就成为理解其身份建构倾向的重要基础。

---

① 作为中泰文化艺术与历史的纪念地点，"Lhong1919"本来算得上是一个较为知名的旅游景点，湄南河旅游观光船设有一站，停靠 Lhong1919 码头，以方便游客从水路前往 Lhong1919。2019 年，Lhong1919 名气达到鼎盛，游人亦如织。但是，由于随之而来的 2020 年新冠疫情，前往 Lhong1919 观光的游客人数锐减（中国游客更为稀少），Lhong1919 遂逐渐落寞。据相关资料显示，至 2023 年夏，Lhong1919 已几乎彻底荒废。该景点的所有餐馆、商店、展览厅、咖啡厅，均关张。更令人扼腕的是，本书所引英文（兼泰文）连珠格长诗，其陈列（摆放）位置已全部错乱，致使"连珠"修辞手法很难再被人辨识出来。

插图 7-2、插图 7-3 ："廊1919"，中泰文化艺术与历史的一个纪念地点，位于泰国曼谷，湄南河畔。

　　本诗在意象符号的使用上具备鲜明的身份特征。学者杨庆堃在其《中国社会中的宗教》中提出了"弥散性的中国宗教"的概念，即"神学、仪式、神职人员被包含在世俗组织中，而没有独立存在形式的宗教"。[①] 诗歌在抒情时多次引用了诸如"八仙""蜘蛛"等在中国传统文化语境下具有特殊表征作用的意象，这些意象符号多具有朴素的民间信仰色彩，可以被看作典型的"弥散性

————————

① 转引自李华伟撰《论杨庆堃对"民间信仰"与"弥散型宗教"的研究：贡献、问题与超越》，载于《宗教人类学》2015 年第 10 期。

宗教"，而宗教信仰本身是构成群体文化身份归属的基本元素。本诗第三节中，作者援引了"八仙"这一意象。而在本诗的第七节，作者以"蜘蛛"来表达祈福的情感。蜘蛛在中国传统文化中被视为祥瑞之兆，被称为"喜蛛"或"蟢子"。蜘蛛悬空而下，被视为"喜虫天降"。在唐朝诗人权德舆的《玉台体》中，就有"今朝蟢子飞"的说法。本诗沿用了蜘蛛在中华文化中的象征意义，将蜘蛛视为"悬垂半空的幸运之兆"，并希望蜘蛛能够"保佑我熟睡的孩子前路闪耀"。

除带有明显宗教身份认同的符号意象外，本诗也大量运用了比喻。诗歌第八节、第九节集中使用"树苗"与"树根"的比喻。在中国文化的语境中，故乡不只是一个地理空间的概念，更是一个寄托情感的象征符号。寻根意识与怀乡情结，是贯穿华人流散文学的永恒主题。

本诗在抒情视角上，前后包含多次"他者化"的视角转变。全诗前五节均采用第一人称的视角，以"我"为叙述主体直接抒发作为移民背井离乡、漂泊异域的内心感受。但随后，从第六节开始，叙述视角忽然从第一人称变为第三人称。在第三人称的叙述中，诗歌文本中大量出现了移民前的身份追溯，"她""小女孩""熟睡的孩子"等文本暗示了文本主体流散前的身份特征与生存境况。再后，文本的叙述视角再次发生变化，在"小鸟为你向导"一句中首次出现了第二人称。

在此之后，诗行所展现的是作者梦中的想象，即"月光之国"的景象。作者借由第二人称诉说的形式，用大量笔墨描绘了想象中的极乐之地，这里月光皎洁，异卉遍野，雅乐弥漫，宛若仙境，与现实形成强烈的反差。诗中这两次视角转化，可以被理解为作者"他者化"的自我身份反思：第三人称的叙述审视了过去的身份，是对中国文化身份的自我回溯；而在"神鸟"指引下的对话则蕴含了其自我身份期待，展示了未来的身份建构向度。

下面是这首诗的全文，且让我们共同欣赏：①

---

① 中文翻译者为黄昱璋，中国人民大学新闻学院硕士毕业生，国际新闻研究方向。参见王亦高、李铁林、黄昱璋撰《符号学视角下的散居族裔身份建构——以泰国火船廊华人诗歌为例》，载于《东南传播》2022 年第 9 期。

Softly carried on the wind, the sparrow's fleeting tales

Traversed the space across the sea beyond the vales,

Enchanting me with reverie as if by spells

As I left my old life behind and bade farewell.

音讯被麻雀所捎随风轻扬

翻山越岭飘过浩渺的海洋

幻梦如咒语使我心醉神迷

当我悄然离去，告别往昔

Your last farewell reverberated in my ears.

I stilled my trembling heart gripped fast by formless fears,

As I began my journey to a land unknown,

My memories of home etched deep into my bones.

昔日的告别仍在耳畔久久回响

无形的恐惧正让心脏微微震荡

当我开始踏上那片未知的国土

对于故乡的记忆早已铭心刻骨

My bones felt hollow as I waded through the crowds,

Among strangers who uttered unfamiliar sounds.

In me, the legend of the Eight Immortals flowed.

Upon my weak resolve, new strength the tale bestowed.

骨髓已空的我在人群之中游走

陌生口音的人在我的身旁停留

八仙的传说在血液中汩汩流淌

遥远的音讯赐予我全新的希望

Bestowed upon my wretched soul the cruelest grief

The tender words lovers whispered, so sweet and brief.

My aching heart longed for a familiar embrace

Pray you, sparrow, send my love home across the space.

望向我灵魂深处最残忍的悲伤

爱人的甜蜜絮语让我心驰神往

痛苦的心灵在渴望温暖的怀抱

求麻雀载我的爱回家不惧路遥

Across the space, soft words of solace the bird sang.

Out of the searing pain of parting, wisdom sprang.

There is no use in blaming fate for being unkind.

To move ahead, we all must leave someone behind.

遥遥长空见证鸟儿的温情歌唱

灼灼智慧生于离别的无尽悲伤

不必抱怨命运残酷，人生无常

选择远方注定意味着背井离乡

Behind the mountains lay the world she yearned to see.

Trapped in this small hamlet, she ached to be set free.

The girl looked yonder with her dreams so bright and grand

To journey far and bodily roam this wondrous land.

乡间群山难挡她对世界的渴望

狭小村庄未竟她对自由的梦想

小女孩憧憬着梦想之光的明亮

决心前往那些遥远神秘的地方

This wondrous land turned deathly white with wintry squalls.

A nameless spider sought warm comfort in my hall.

O spindly herald of luck, suspended in mid-air,

Pray bless my sleeping child with a future bright and fair.

方圆数里皆为北风与白雪笼罩

无名蜘蛛在我家中把温暖寻找

哦，你这悬垂半空的幸运之兆

请保佑我熟睡的孩子前路闪耀

Fair were the flowers that flowingly flourished forth.

In a peach village among the hills of the north.

The branches now bow low with unharvested fruits

As one by one, the young desert their ancient roots.

耀目的花朵在清风中溢彩流光

开在山麓北侧桃树遍野的村庄

未收获的果实压弯树木的枝条

古老的树根难以挽留株株幼苗

Up by the roots she ripped her life and left her town.

To seek fortune in bright cities, chaos she found.

Lamenting how her sorry life had gone amiss,

She prayed the bird would lead her to the land of bliss.

苗离开了根，而她也离开了家

可在混乱的城市难求富贵荣华

她不禁哀叹生活糟糕世事难料

唯有祈求前往极乐之地的神鸟

The land of bliss, the bird replies, truly exists.

Where there's no man, all worldly woes cease to persist.

But in this world, life is suffering, fettered by chains.

Learn to let go; we might escape from grief and pains.

鸟儿回答，极乐之地确实存在

那里没有人类也没有世俗伤害

但这个世界众生皆苦难逃枷锁

唯有学会放手才可能获得解脱

Beyond all grief and pains a land of dream there lies,

Where souls will soar and tears will dry from every eye,

Where light shines bright, where there's respite, where woes subside.

To this strange realm, the little bird will be your guide.

脱离痛苦悲伤，踏上梦想土壤

灵魂得以翱翔，泪水不再流淌

没有苦难缠绕，只有光芒闪耀

欲知此中奥妙，小鸟为你向导

The little bird will be your guide across the sky.

Through silver clouds, dreamy and bright, your soul will fly.

With otherworldly blooms, the moonlit garden shines,

Imbued with ancient magic, wondrous and divine.

导航的鸟儿盘旋在辽阔的天空

在银色云朵中感受灵魂的律动

开满异卉的月光花园如诗如梦

古老的魔力让这里美好而神圣

Divine as the ethereal realm of dreams may be,

To you this moonlit land belongs so rightfully.

From sight, this gleaming wondrous world is but concealed.

But close your eyes, the splendid path shall be revealed.

圣洁之光遍布超凡脱俗的国度

明月普照的宝地便是你的门户

光芒闪耀的世界绝非肉眼可见

闭上双眼，康庄大道才会出现

Revealed in reverie, the lunar realm gleams bright

Alluring goddesses revel in the moonlight.

Blessing valiant warriors, they gracefully glide

To melody so heavenly, blissfully, blissfully blithe.

现身梦境的皓月之国熠熠生辉

纵情欢乐的月光女神尽显妩媚

为战士赐福，跳出优美的舞步

在宛若天籁的旋律中感受幸福

Blissfully blithe, your unencumbered soul shall soar,

Dazzled by countless wonders forever more.

Beyond the wildest dreams, beyond the touch of time,

The moonlit world shall drift, elusive and sublime.

福音中你不羁的灵魂冲上天穹

触目皆是的不朽奇观迷乱双瞳

超越疯狂的幻梦与时间的操控

月光世界在漂游，缥缈而恢宏

Elusive and sublime, the moonlit land begins to fade,

In a trance half asleep, no more sweet serenade.

Plum blossoms droop, their petals wither and turn gray.

In futile grasps, the sparrow flees and speeds away.

宏伟的月光之国开始悄然褪色

恍惚中失去小夜曲的甜蜜欢乐

梅花低垂，花瓣变灰纷纷枯朽

麻雀高飞，徒劳挽留匆匆远走

Away dreams fell. A longing, harsh and cruel, unfurled

For both my homeland and the silver moonlit world.

My poetry recalled the dreamlike vision in

The sparrow's fleeting tales, softly carried on the wind.

走了，我的梦。现实太残酷

对故乡与月国的渴望已启幕

唯有我的诗能让我梦中追寻

麻雀捎来的随风轻扬的音讯

第八章　美的历程：文艺传播

第一节　文艺的视角

陈力丹、陈俊妮所著《传播学纲要》[①]重新架构了传播学的教学体系，该书第七章《文艺传播》独辟蹊径，论述了其他学者一般不注意的某个方面。看起来，传播学研究似乎已经不能视文艺传播于漠然不顾了。谈及文艺传播，以下三个人的观点是尤其典型的：康德（Kant）、克罗齐（Croce）、卡西尔（Cassirer）。

康德代表了一种文艺理论的思路，这个思路后来被一个叫克罗齐的学者批判地继承，并发扬光大，得到了后世学者的尊崇。朱光潜说："这派的开山始祖是康德……克罗齐最后起。"[②]所以我们姑且把康德和克罗齐归纳在一起。那么，就文艺传播而言，克罗齐究竟讲了些什么话呢？

克罗齐说："不论是这些声音和音响，还是绘画、雕刻和建筑的符号，它们都不是艺术作品，因为艺术作品不存在于任何别的地方，只存在于创造这些作品的或再创造这些作品的人的心目中。"[③]

克罗齐甚至还这样讲："审美事实在对印象的表现建构中全部耗尽。当我们已有一部腹稿，构思一个清晰、生动的形象或雕像，找到一个音乐主题，表现就已产生并完成。其后，我们开口或想开口说话……伸出或想伸出双手去触

---

① 参见陈力丹、陈俊妮著《传播学纲要》，中国人民大学出版社，2014年第2版。

② 朱光潜著《谈美/文艺心理学》，中华书局，2012年，258页。

③ ［意］克罗齐著《美学或艺术和语言哲学》，黄文捷译，中国社会科学出版社，1992年，17页。

及钢琴的键盘或拿起画笔及凿子……这是一种附加的事实，它遵循和审美事实截然不同的规律，目前我们不应当注意附加事实；虽然迄今我们承认附加事实是对事物的生产，是实践事实或意志事实。"[1]

克罗齐的上述两句话曾被许多人津津乐道。但细细琢磨，如果说，艺术品单单就存在于艺术家的心目里，那岂非说，艺术的直觉本身就是艺术的创造活动了？只要心存一念，艺术品就有了，而不需要呈现与传达，即不需要传播？有趣的是，克罗齐的意思很可能果真就是这样的。朱光潜先生曾对克罗齐的观点有这样的总结："在他看，心里直觉到一种形象或是想见一个意象，就算尽了艺术的能事。真正艺术家都是自言自语者，没有心思要旁人也看见他所见到的意象。"[2]

在笔者看来，克罗齐所阐发的这个道理，虽有其卓绝之用意，亦有其不讳之缺陷。我们必须承认，甚至必须强调，艺术家将心目中的艺术之感外化为艺术作品，即将之呈现出来并传达开去，这实在是一件要务，因为，若没有呈现与传达，艺术的欣赏也就无从谈起。文艺的传播活动，就文艺本身而言，是一个非常重要的过程或曰进程。

那么，克罗齐难道真的没有关注过"传播"，即艺术品的呈现与传达吗？也不尽然。克罗齐自己用过一个词——外现（原文 estrinsecazione），大概就是传播（呈现与传达）的意思。克罗齐坦诚地指出："我们不能想要或不想要我们的审美幻象，相反，我们却能想或不想让其外现；或更确切地说，能想或不想把实现的外现保留并传达给他人。"[3] 但最值得后世学者咀嚼之处恰恰在于，克罗齐虽然关注到了传播，却又立刻贬抑了传播，其中道理大概是：在克罗齐看来，如果考虑传播问题，就不得不立刻涉及很多乱七八糟的事情，譬如何时传播、向谁传播、传播的内容是否适合接收对象等，而如此一来，这些考虑就会被效用标准和伦理标准所制约，头也不回地跑到经济生活（决定效用标准）和道德生活（决定伦理标准）里去了。而在克罗齐这位立志要为审美活动划定

---

① ［意］克罗齐著《美学的理论》，田时纲译，中国人民大学出版社，2014 年，42 页。

② 朱光潜著《谈美 / 文艺心理学》，中华书局，2012 年，258 页。

③ ［意］克罗齐著《美学的理论》，田时纲译，中国人民大学出版社，2014 年，96 页。

独立疆域的思想家看来，这种左右牵扯的事儿是必须予以排除的。

　　再看卡西尔，这位符号哲学家则一反克罗齐之意，着重提到了传播活动。卡西尔的代表作叫《论人》，整整一本书其实都是在讲人类如何利用各种符号进行传播。[①] 很自然地，就文艺而言，如果艺术家有了艺术的直觉，却不能将其符号化，即不能将这种艺术的直觉呈现出来与传达开去，那么，艺术也只能停留在臆想之中，几乎也就算不上是艺术了。卡西尔明确讲道："如果一个艺术家不是专心于自己的作品，而是专心于自己的个性；如果他感受自己的愉快，或者如果他喜欢'忧伤的欢乐'，那么他将变为一个感伤主义者。"[②] 注意，"感伤主义者"在卡西尔的笔下并非一个褒义词。

　　谈到这里，我们已经能够分明看出这两派的用意何在了。康德与克罗齐的一派，简而言之，比较关注艺术家的内心直觉，认为艺术即心的活动，而心的活动无关外物，十分独立，所以克罗齐才会生发出"不论……符号，它们都不是艺术作品"这样的观点。卡西尔则认为人类的专有特征就是利用符号，艺术作为人类的一种特殊活动自然也必须通过符号予以呈现与传达，所以卡西尔才会生发出这样的论断：艺术家不能专注于个性，而要专注于作品（即符号的呈现与传达）。

　　这里，无妨举出一个音乐传播方面的例子，很有意思。法国作曲家柏辽兹曾记载过这样一段个人经历："有一天夜里我做梦，仿佛是在写一部交响曲。……我清清楚楚地听见 A 大调的快板乐章，又好像已经把它写了下来……第二天早晨，当我醒来时，发现自己对于这首交响曲的一切记忆都消逝了！真的，永远消逝了。"[③] 显然，"这首交响曲"只在作曲家的脑海中闪过，或许它是优美绝伦的，但是既没有书面记录，又没有现场演出，因而，音乐传播的过程事实上并未发生。正因为相应的音乐传播并未发生，所以柏辽兹的这段音乐

――――――――――――

① ［德］恩斯特·卡西尔著《论人——人类文化哲学导论》，刘述先译，广西师范大学出版社，2006 年，36 页。

② ［德］恩斯特·卡西尔著《语言与神话》，于晓等译，生活·读书·新知三联书店，1988 年，137-138 页。

③ 转引自刘璞编著《音乐大师与世界名作》，中国人民大学出版社，1995 年，73 页。

也就从来没有在这个世界上"存在"过。这段音乐随着柏辽兹的忘却而"胎死腹中"了。上面这个小小的例证似乎足以证明，音乐的传播是音乐艺术得以存在的前提。音乐一定是包含着一种传播的要求的；音乐作为艺术形式之一种，一定是有目的的，是蓄意的，是非常强调主体间的交流与沟通的。——对这个例子，我们很想知道，克罗齐会如何评价？克罗齐本人确实表达过这样的意思："诗人或任何其他艺术家在首次见到（直觉到）自己的作品时，即当他的印象稳定清晰，他的面庞放射出创造者的神圣喜悦之光时，他才会有真正的审美愉悦。"①　我们或许可以相信，作曲家柏辽兹在"清清楚楚地听见"自己的乐章旋律时，他的面庞曾经放射出了神圣喜悦之光；可更为冷酷的事实却是，因为没有传播，柏辽兹本人很快陷入了懊丧与悔恨的情绪。换句话说，柏辽兹或许的确享受过"真正的审美愉悦"，但这种愉悦很快就因艺术品传播不得力而丧失殆尽。那么，如此稍纵即逝的"审美愉悦"又能有多少意义？

不消说，没有传播，恐怕也就没有文艺。泰戈尔写过这样的诗：

> 你作画的人，
> 一个在人和物中间不停的旅行者，
> 把他们收集在你幻象的网里
> 又在线条上把他们烘托了出来
> 远在他们的社会价值和市场价格之上。
>
> 那边的游民的村落，
> 它的密集的朴素的屋顶，
> 和那后面被愤怒的四月的骄阳
> 烤焦了的一块空场
> 是我们匆匆走过而绝不会看到的
> 直到你旅行的线条说了出来；

---

① ［意］克罗齐著《美学的理论》，田时纲译，中国人民大学出版社，2014年，69页。

他们是在那里，

我们吃惊着说，他们真是在那里。①

不错，如果没有画家的生花妙笔（"旅行的线条"），我们大概"匆匆走过而绝不会看到"。甚至，在这里，我们还可以回想起并追溯至德国人赫尔德关于文艺的著名观点，大意是说，文艺与自然界中那些沉默不语的客体不同，文艺是人工制品，是为交流的目的而被创造出来的。② 以赛亚·伯林将赫尔德的这种观点干脆归纳为"艺术即表白""艺术即交流"的学说。姑且抛开那些幽深隐晦的哲学意涵不谈，赫尔德的学说显然是我们此处所论观点的重要佐证，至少从字面上看就是这个意思：若无交流，何来文艺？

当然，话说回来，这里还牵涉到另一个问题不能不提：文艺的无功利性。康德的名言，我们是耳熟能详的："每个人都必须承认，关于美的判断只要混杂有丝毫的利害在内，就会是很有偏心的，而不是纯粹的鉴赏判断了。"③ 这句话真不知被文艺学家和美学家重复了多少遍。那么，传播（即呈现与传达）算不算某种"利害"呢？当一个艺术家在创造艺术品的时候，他若还屡屡想着要传达给他人看看或听听，他是不是已经变得"很有偏心"而不"纯粹"了呢？其实，这不就是克罗齐一贯担心的问题么？如果考虑传播，就不得不立刻涉及何时传播、向谁传播、传播的内容是否适合接收对象等一系列事情，审美活动自然也就变得不那么纯粹、不那么独立了。

或者无妨再从读者的角度来譬一喻：一名学生因为被老师布置了一项"读书报告"之家庭作业而阅读了一本文学作品，他显然是为了写作业才去读书，然而这本文学作品确实深深地吸引住了他，他读进去了，十分享受阅读的过程，甚至撰写读书报告于他而言也成了一桩乐事而非苦差，他写得格外起劲儿呢。请问，这位学生对于文学作品的接受，又该如何说呢？审美活动是纯粹的吗？是独立的吗？又算不算某种"利害"呢？

---

① ［印度］罗宾德罗那特·泰戈尔著《飞鸟集》，郑振铎、冰心译，译林出版社，2010 年，251 页。
② 参见［英］以赛亚·伯林著《浪漫主义的根源》，吕梁等译，译林出版社，2011 年，64 页。
③ ［德］康德著《判断力批判》，邓晓芒译，人民出版社，2002 年，39 页。

看来，上述这些问题绝不是能够一笔带过的简单问题，而是充满了各式各样的复杂性，顾得了这头儿，又顾不了那头儿。毋宁说，康德和克罗齐，以及由他们所引领的理论路径，都特别强调文艺的无功利性，也正因为有了"文艺的无功利性"这个线索，我们才能顺利找到诸如"美感与快感之关系""文艺与道德之关系"等复杂问题的初步答案。法国作家罗曼·罗兰在他的长篇小说《约翰·克利斯朵夫》里这样表述过：

> 最高的艺术，唯一能称为艺术的艺术，永远凌驾于受时空限制的规律之上，它是射向无垠太空的一颗彗星。……它源之于太阳，与太阳同宗。太阳无所谓道德和不道德，它是存在本身。它战胜黑夜，艺术也如此……①

较为类似地，日本小说家芥川龙之介的《戏作三昧》——很好的一篇小说——主要讲的是文学家的内心矛盾，此处所引段落具体描写了一个文学家在写作时的亢奋状态：

> 脑中的河流，像天上的银河似的泛滥起来。……发光的河流，一点也不减低速度，却在奔腾汹涌中湮灭了一切，向他冲击过来。他已完全成了它的俘虏，把一切都忘了，顺着这河流的趋向，像暴风雨般驱笔前进。
>
> 这时，他的像王者似的目中，既无利害的观念，也无爱憎的感情，干扰心情的毁誉，早已不在他的眼里，有的只是一种奇妙的愉悦，一种恍恍惚惚的悲壮的激情。不知道这种激情的人，是不能体会戏作三昧的心境的，是无法了解戏作者严肃的灵魂的。②

俄罗斯诗人普希金则这样叙说他的创作心得，第一步亦是要"忘了世界"：

---

① ［法］罗曼·罗兰著《约翰·克利斯朵夫》，韩沪麟译，译林出版社，2011 年，1139-1140 页。
② ［日］芥川龙之介著《罗生门——芥川龙之介短篇小说选》，楼适夷等译，译林出版社，2010 年，121 页。

在甜蜜的静谧中，我忘了世界，

我让自己的幻想把我悠悠催眠，

这时候，诗情开始蓬勃和苏醒，

我的心灵充塞着抒情的火焰；

它战栗，呼唤，如醉如痴地想要

倾泻出来，想要得到自由的表现——

一群无形的客人朝我拥来，他们是我的旧识，

是我久已蕴育的想像的果实。

于是思潮在脑海中大胆地波动，

轻快的韵律迎着它们跑来；

手忙着去就笔，笔忙着去就纸，

一刹那间——诗章已滔滔地涌了出来。[①]

　　上述这几个描绘段落大概是把"文艺的无功利性"的意思说清楚了。可是，"文艺的无功利性"这个观点若走到过于极端的地步，又不免会把艺术活动完全隔绝于社会，不复与外界有任何关联，连传播（呈现与传达）也完全不考虑在内了。康德在这方面的某些论述，已经受到了后世学者的若干质疑。[②]——事实上，这也的确是文艺理论中最复杂、最棘手的地方，就如同人们讨论艺术是感性还是理性的问题一样。说艺术是感性的，不是理性的，这听上去很对路，也是许多学者坚持的观点；但观点走到了极端，就不免意味着根本无法对艺术活动进行反思，这就不合实际了。"文艺的无功利性"也是这个问题，"传播"成为其中一个关键点，较难一概而论。

　　综上所述，如果说我们尚有一丝结论的话，这个结论就是：传播是考量文艺诸问题时不可轻视的要素之一。而关于文艺传播这个领域本身，正期待着去眺望、去观赏——它并不是可有可无的，而是必须加以重视的。对此，奥地利

---

① 转引自［俄］帕乌斯托夫斯基基著《金蔷薇》，戴骢译，上海译文出版社，2010年，152页。

② ［英］大卫·贝斯特著《艺术·情感·理性》，季惠斌等译，工人出版社，1988年，83页。

作家茨威格在其回忆录《昨日的世界》里说得最熨帖、最精当：

> 那些诗人们，他们不贪图任何的外表生活，他们不是一般的凡夫俗子，他们不羡慕荣誉、头衔、实利，他们所追求的，无非是在安静的环境中搜索枯肠，把一节一节的诗句完美地联结起来，让每一行诗都富于音乐感，光彩夺目，诗意浓郁。……在他们看来，天底下最重要的，莫过于那些柔美的、然而比时代的轰隆声更富有生命力的音响；当一个韵脚和另一个韵脚搭配得非常妥帖时，便会产生一种无法形容的动感，这种动感虽然比一片树叶在风中落下来的声音还要轻，但它却能以自己的回响触及最遥远的心灵。①

不错，对于美和艺术的热爱与追求，应该是人类世界所独有的现象。得以从吃、喝、拉、撒、睡的日常生活世界中挣脱出来，不混杂丝毫的利害之心，从而升华到一种非功利的"美的境界"，这是人类的伟大进步。请读者们沉思片刻：美是无实用的，艺术也是无实用的，但也正因其无实用，它才最富于超越感与宽容感，凌驾在凡俗生活之上，须仰望才见，恰如夜空中的熠熠星辰。它是那么优美而隽永，又是那么崇高而森郁！它是那么遥远而迷离，又是那么切近而清晰！

第二节　叙事的魅力

在文艺研究的领域里，叙事学又是极为有趣而独特的研究亚领域。这个亚领域里的核心学者主要有三位，一位叫普罗普，一位叫列维 - 斯特劳斯，一位叫格雷马斯。

普罗普的代表作是《神奇故事的历史根源》，②其核心思想是：故事虽然千

---

① ［奥］斯蒂芬·茨威格著《昨日的世界——一个欧洲人的回忆》，舒昌善等译，广西师范大学出版社，2004 年，111 页。

② 参见［俄］普罗普著《神奇故事的历史根源》，贾放译，北京联合出版公司，2022 年。

变万化、千头万面，但其叙事脉络总是有章可循的，故事中的诸多人物也可以被归纳到几种有限的角色中去。如此一来，固定的叙事脉络叠加有限的人物角色，这就形成了"结构"。把结构尽量剖析清楚了，这些神奇故事就算是被读懂了。当然，普罗普还试图剖析历史根源与虚构文本之间的可能关系，这是他的理论贡献。《神奇故事的历史根源》一书的精髓通过它的章节名字就可大抵领略。神奇故事遵循着这样一个基本融洽的叙事结构：

——很久很久以前，主人公在神秘的树林里发现（或进入）了一栋大房子，又因各种机缘（譬如因为好心而帮助了别人）而被赠予了神奇的物品，从而获得了某种神奇的法力；

——凭借法力，主人公渡越到了一片莫测之地（典型的地方如冥界入口），并在燃烧着熊熊火焰的湍急河畔，勇敢地杀死了邪恶的蛇妖；

——杀死蛇妖的主人公得以进入某个入口，抵达一片全新天地；

——在全新天地游历一番之后，主人公又回归平凡生活；

——主人公注定不会甘于平凡（因为他曾经去过全新天地），他最终赢得了公主的芳心（譬如通过了测试或猜中了谜语），娶公主为妻，并进而继承了（往往是岳父的）王位。

表 8-1：《神奇故事的历史根源》章节设计

章节	章名
第一章	前提
第二章	开场
第三章	神秘的树林
第四章	大房子
第五章	神奇的赠物
第六章	渡越
第七章	火焰河畔
第八章	远走天涯

续表

章节	章名
第九章	未婚妻
第十章	故事作为一个整体

列维 - 斯特劳斯的观点则是：大部分的故事（尤其是神话故事），似乎都可以从中抽离出一系列二元结构。当我们把这些二元结构搞清楚了，我们就能进一步把握这些故事的核心旨归了。一位英国学者是这样总结的：

> 列维 - 斯特劳斯所关注的则是虚构的故事和其所对应和反映的社会之间的关系。虚构的故事对他而言，是社会为其成员所编制的代码信息，隐含在深层次的叙事结构当中。研究者的工作就在于解开和发现这些隐藏着的信息……①

列维 - 斯特劳斯所举出的最有名的一个例子是关于俄狄浦斯的家族史。这个家族的故事如果按时间线顺着来讲大抵是这样的：

1. 卡德摩斯寻找其妹欧罗巴

2. 卡德摩斯杀死凶龙

3. 斯巴达人相互残杀（建造底比斯城）

4. 卡德摩斯后裔拉布达科斯（拉布达科斯＝瘸子）

5. 拉布达科斯的儿子拉伊俄斯（拉伊俄斯＝靠左脚站立）

6. 拉伊俄斯的儿子俄狄浦斯（俄狄浦斯＝肿脚）

7. 俄狄浦斯杀死拉伊俄斯

8. 俄狄浦斯杀死斯芬克斯

9. 俄狄浦斯娶拉伊俄斯的妻子为妻

——读者们对于俄狄浦斯"杀父娶母"的故事应该不算陌生了。可是，列维 - 斯特劳斯却说，这个故事应该继续"挖掘"与"梳理"下去，应该把上述

---

① ［英］安德斯·汉森等著《大众传播研究方法》，崔保国等译，新华出版社，2004 年，177 页。

的九个核心情节做"合并同类项"的工作，其结果呈现为：

表 8-2：二元对立视角下的俄狄浦斯家族史

1.卡德摩斯寻找其妹欧罗巴			
		2.卡德摩斯杀死凶龙	
	3.斯巴达人相互残杀（建造底比斯城）		
			4.卡德摩斯后裔拉布达科斯（拉布达科斯＝瘸子）
			5.拉布达科斯的儿子拉伊俄斯（拉伊俄斯＝靠左脚站立）
			6.拉伊俄斯的儿子俄狄浦斯（俄狄浦斯＝肿脚）
	7.俄狄浦斯杀死拉伊俄斯		
		8.俄狄浦斯杀死斯芬克斯	
9.俄狄浦斯娶拉伊俄斯的妻子为妻			

　　列维-斯特劳斯说，第一纵列是"加固亲缘"，第二纵列是"扯断亲缘"，第三纵列是"人对土地的否定"，第四纵列是"人对土地的肯定"。这样一来，第一列与第二列形成了二元对立，第三列与第四列形成了二元对立。进一步，作为整体的第一、二列，又与作为整体的第三、四列，形成了二元对立，即"亲缘"与"土地"的对立。

　　列维-斯特劳斯的讲法确实存在许多匪夷所思的地方。譬如，人名都与脚有关，这怎么就叫"对土地的肯定"了呢？大英雄杀死了几只怪物，怎么就叫"对土地的否定"了呢？这些困惑始终存在着。不过，列维-斯特劳斯毕竟为我们展现了一种别出心裁的叙事分析手法，让我们可以对故事加以持续拆解与深入品读。

　　与列维-斯特劳斯仿佛，立陶宛裔语言学家格雷马斯的"符号矩阵"同样十分有趣。当然，它也是格雷马斯参考了列维-斯特劳斯的二元对立模式进而扩充发展而来的，其要义是：把核心人物（或情节）分为四个象限，安置在一个矩阵之中，人们可以较为清晰地看到其中的"对当关系"——当然，这不是逻辑学里较为严谨的"对当关系"，而是一个近似的模拟图。

就以《泰坦尼克号》为例吧，被肯定的是杰克，杰克的直接对立面是露丝的未婚夫，二者是情敌。露丝本来与露丝的未婚夫是一道的，后来却反对了他，所以，露丝进入了第三象限。第四象限是一个奇特的象限，冰海沉船击碎了杰克与露丝的爱情之梦。毋宁说，对于杰克（事实上同样对于露丝亦成立）而言，有双重的打击，一个来自露丝的未婚夫（代表世俗偏见之"冰海"），一个来自沉船（代表客观自然之"冰海"），在这样猛烈的双重打击之下，杰克被毁灭了。

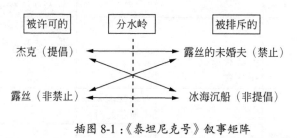

插图 8-1：《泰坦尼克号》叙事矩阵

再以《哈利·波特》为例，被肯定的是哈利，哈利的直接对立面是伏地魔，二人以命相抵、殊死搏斗。伏地魔的另一个反对方其实是哈利的父辈们，包括哈利的父母、斯内普教授等。值得玩味的是，哈利的父辈们事实上希望哈利能过上普通人的生活，而不要卷入到血雨腥风、鬼哭狼嚎的魔法世界中来。当然，故事的发展总是事与愿违。第四象限依然是一个奇特的象限，魔法其实是被排斥的。无论是哈利的父辈们，还是哈利本人，都希望能回归到魔法全部退散的日常生活中来。因而，一个讲述魔法世界的长篇故事，其实恰恰是以对魔法的最终"克服"或曰"排斥"而欣然收场的。

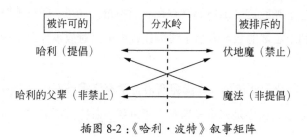

插图 8-2：《哈利·波特》叙事矩阵

当然，笔者此处所论也只是提供了一种可能的思路，读者们完全可以根据自身的阅读体会做出自己的判断。

叙事学的若干理论让我们可以在更为"宏观"的层面上深入理解文学文本，确乎让读者有某种"眼界大开"之感，但是，这并不意味着文学文本的"细节"是可以被忽视的。恰恰相反，文学名著之所以是文学名著，乃在于它们总是得以在宏观结构与细节描绘两方面同时兼顾，两不偏废。加拿大学者弗莱曾经论说过绘画鉴赏方式——可以"向前站"也可以"向后站"——其实文学品读方式也大抵类似，伟大的文学作品确乎应该是"远近皆宜"的：

> 在观赏一幅画时，我们可以站得近一些，对其笔触和调色的细节进行一番分析。这大致相当于文学中新批评派的修辞分析。如退后一点距离，我们就可更清楚见到整个构图，这时我们是在端详画中表现的内容了；这一距离最适宜于观赏荷兰现实主义之类的绘画，在一定意义上，我们是在解读一幅画。再往后退一点，我们就能更加意识到画面的布局。如我们站在很远处观赏一幅像圣母玛利亚这样的画，那么能见到的仅是圣母的原型，一大片蓝色对比鲜明地环绕着那个引人瞩目的中心。①

此处不妨再以卷帙浩繁的法国长篇小说《基督山伯爵》为例吧！《基督山伯爵》的叙事结构值得称道，篇幅虽长，但情节环环相扣，并不拖沓；快意恩仇的核心题旨也被表达得淋漓尽致。与此同时，作品中的细节描绘也十分出色，处处可见作者的巧思与匠心。《基督山伯爵》的开头描写进港而来的大船，迟缓而无力，似乎象征着主人公不得不"涉足"是非之地；结尾描写离港而去的小船，迅捷而矫健，又似乎象征着主人公完成了使命而得以"抽身"是非之地，"一片白帆，小得就像海鸥的翅膀"。②首尾遥遥呼应，叙述可谓周全、圆满。阅读这样的文学作品，往往会给读者带来极其愉悦而丰饶的精神享受。

---

① ［加拿大］诺思罗普·弗莱著《批评的解剖》，陈慧等译，百花文艺出版社，2006 年，198 页。
② ［法］大仲马著《基督山伯爵》（上、下），周克希译，外语教学与研究出版社，2018 年，1354 页。

第九章　现代新闻传播的缘起

第一节　现代新闻传播的哲学底色

在现代新闻传播真正出现之前，人们阅读最多的文字恐怕是英雄传奇、圣贤故事和史诗之类，这在无形中加强了人们对于永恒和必然的关注。因为令人称羡和膜拜的英雄与圣贤引导着人们追求自身的完美，有志者都希望自己的生命能够达到英雄或圣贤般的境界，以弥补自身短暂的生命时间所留下的遗憾。法国诗人贝尔特朗曾问道："如果你知道的话，请告诉我：人是受生命磨损、被死亡粉碎的提线木偶，仅此而已，是吗？"[①] 我们当然希望不是！因而，阅读史诗是否也算得上一种行之有效的超越之道呢？

但不可不察的是，新闻的出现和发展使得身处现代的人们更多地阅读即时的、变化的新情况、新消息，而较少阅读英雄传奇、圣贤故事与史诗了。"吟游诗人的音乐会，仙女的魔力，勇士的光荣，为什么要来修复这种虫蛀的、铺满灰尘的故事呢？……谁也没有兴趣再去了解这类东西。"[②] 自然而然地，这就改变了人们精神生活中关注的根本方向。因为新闻事件不可能不讲求偶然性与突发性，阅读新闻自然会强化人们对于新奇、变异、偶然、反常的关注。为了能更好地适应目前生活在其中的社会，人们一反千百年来过多关注永恒、必然、

---

① 语出贝尔特朗所撰散文诗《致雕塑家大卫先生》，参见［法］贝尔特朗著《夜之加斯帕尔》，黄建华译，华东师范大学出版社，2017年，154-155页。

② 语出贝尔特朗所撰散文诗《致一位珍本收藏家》，参见［法］贝尔特朗著《夜之加斯帕尔》，黄建华译，华东师范大学出版社，2017年，88-89页。

普遍的状态，转而更加关注现实社会中种种突发、偶然、变化、特殊的情况。或许，这正是新闻出现与长足发展的根本意义之所在。《茶花女》里的一句话说得不错："如果它带有普遍性的话，似乎也就不必把它写出来了。"①——难道，这不就是对新闻所牵领、所催发、所照临的社会状态的某种如实写照吗？更彻底一些，我们甚至应该认真地探讨一下：是现实社会人们对流变的更加关注导致了新闻的出现，造就了新闻存在并得以蓬勃发展的坚实基础；还是新闻的出现从根本上改变了人们的精神方向；抑或是二者在相辅相成的关系中互为因果。不管怎么说，新闻——这一现代社会的新事物，从它出现的那一刻起，就与"流变"紧紧相连。

古罗马的奥勒留在《沉思录》里已经想到了类似的问题，虽然是相当"无意"的：

> 流动变迁使得这个世界常新，恰似那永无间断的时间的进行使得万古常新。在这川流不息之中，一切的东西都从我们身边旋转飞过，不得片刻停留，其中有什么东西值得令一个人那样珍视呢？那和一只身边掠过转瞬消失的麻雀发生恋爱毫无异致。②

不错，我们坚持认为，从哲学层面上讲，从阅读英雄史诗过渡到阅读新闻报道，人们的社会生活便开始从"古典主义原则下的生活状态"转向"现代性原则下的生活状态"了。所谓现代性原则，在美学的意义上，恐怕就是指对流变的关注。现代新闻的成型与繁荣恰恰是对现代性的最佳注解，它打破了人们思想的固有状态，使全世界都处在流变与人们不断适应流变的过程之中。

对这种流变与永恒分庭抗礼的局面最精要的总结，莫过于法国诗人波德莱尔（Baudelaire）的一句话："现代性就是过渡、短暂、偶然，就是艺术的一半，

---

① ［法］小仲马著《茶花女》，王振孙译，人民文学出版社，1980年，229页。
② ［古罗马］奥勒留著《沉思录》，梁实秋译，天津人民出版社，2017年，73页。

另一半是永恒和不变。"① 几乎可以认为，对于世事的理解的某种解放性的变革，正发端于这位法兰西诗人，因为他终于从柏拉图的形而上学之中挣脱出来了。对波德莱尔推崇备至的德国思想家本雅明（Benjamin）也曾指出，波德莱尔的意思是，生活中稍纵即逝的美，正是"现代主义"的特征。② 不错，我们此刻讨论的话题是新闻，这和法兰西诗人的关系毕竟是隔着一层的。但是，在一种更为广阔的研究视域内，我们恰恰不能视波德莱尔于不见。这个视域就是：将新闻的产生与繁荣之历史状况纳入从古典主义向现代主义的过渡阶段这一宏观的社会背景与思想背景中去把握。在如此的背景下，观照波德莱尔这位"现代主义"概念的最早阐发者，也就是必然与必须的了。新闻传播学批判学派的思想家本雅明如此珍爱这位法兰西诗人，也就更情有可原了。

在那部最重要的诗集《恶之花》中，波德莱尔曾吟咏过一位过路女子（*To a Woman Passing By*），③ 其美学意义尤其重大，诗文如下：

大街在我的耳边喧嚣不止，
一位女人忽然走过，那修长苗条的身姿，
在哀思的丧服里闪耀，
美丽的手撩起迷人的长裙在风中轻摇；

露出轻灵而高贵的玉腿。
我似触电般地颤抖不已，
从她那孕育风雨的苍天般的秋波里，

---

① 参见陆扬、王毅著《文化研究导论》，复旦大学出版社，2006 年，31 页。波德莱尔亦说过这样的话："所有的现代性都值得有朝一日变成古典。"参见［德］瓦尔特·本雅明著《巴黎，19 世纪的首都》，刘北成译，商务印书馆，2013 年，156 页。

② ［德］本雅明著《发达资本主义时代的抒情诗人》，张旭东、魏文生译，生活·读书·新知三联书店，2007 年第 2 版，101 页。

③ Baudelaire, C., *The Flowers of Evil*, trans. K. Waldrop, Middletown, Wesleyan University Press, 2006, p.123. 对波德莱尔的深刻评论，可参见［德］汉斯·罗伯特·尧斯著《审美经验论》，朱立元译，作家出版社，1992 年，92 页。亦可参见［美］弗雷德里克·詹姆逊著《文化转向》，胡亚敏等译，中国社会科学出版社，2000 年，112 页。

痛饮那令人销魂的温柔和妩媚。

电光一闪……随后就是黑暗！你的目光一瞥，

竟然使我在刹那间如获新生，

——转瞬即逝的美人，

难道我们只能重逢于来世？

去了，远了！太迟了！也许无缘！

我不知道你走向哪里，你也不知道我归向何方，

唉，我竟然爱上了你，即使你明白我的心又该怎样！ ①

　　波德莱尔的诗作，不能不让我们立刻联想到拜伦的诗作，后者是前者的积极先声，虽然不免略略有些晦涩而渺茫：

她像是我们在年轻时注目的

许多美人之一，只是一掠而过；

呵，那转眼飘逝的倩影！那雅致、

那温柔、那青春和鲜艳的姿色，

我们在多少不相识者的身上

只饱餐一眼，便任其倏忽隐没：

谁知道她住在哪儿？去向何方？

好似一颗星，永远消失在天上。 ②

　　日本作家川端康成的笔下，同样流露着这样的叹息：

这种心情，我是常有的。那是多好的人啊，多美的女子啊。在这个世

---

① ［法］夏尔·皮埃尔·波德莱尔著《恶之花》，文爱艺译，四川人民出版社，2007 年，291 页。
② ［英］拜伦著《拜伦诗选》，查良铮译，人民文学出版社，2021 年，281 页。

界上，再没有第二个人能使我这样倾心。同这样的人萍水相逢，许是在马路上擦肩而过，许是在剧场里比邻而坐，或许从音乐会场前并肩走下台阶，就这样分手，一生中是再不会见到第二次的。尽管如此，又不能把不相识的人叫住，跟她搭话。人生就是这样的吗？这种时候，我简直悲痛欲绝，有时则迷迷糊糊，神志不清。①

——川端康成的细腻感触，几乎可以直接作为波德莱尔诗作的东方注脚来加以理解。回到正题上来，如果我们把波德莱尔笔下的这位过路女子看成是现代性的象征，甚至就看成是现代新闻的象征，似乎也无不可。新闻不就是"转瞬即逝"的吗？不就是"前途未卜"的吗？综上所述，波德莱尔在这里实际上为我们隐约提供了两个非常重要的论点：

第一，就美学理论而言，永恒是美，但流变也并非不美，流变与永恒可谓平分秋色；

第二，就更广泛的社会思想而言，现代性最显著的特征就是感觉的当下性。②

而上述这两个重要的论点，不正是和新闻的产生与繁荣相匹配吗？人们常说新闻是"易碎品"，它过分地依赖于时效——而这样的一种"易碎品"，依着波德莱尔的观点，不正是因其转瞬即逝的流变特征才愈发彰显出其珍贵吗？新闻并非不美，正如流变并非不美一样。今人关注新闻比之古人关注圣贤其广泛与热烈的程度已经不可同日而语了。

第二节 大众传播的社会功能

以现代新闻传播为核心，大众传播终于成为一门"显学"。那么，究竟什

---

① 语出川端康成所著中篇小说《湖》，参见［日］川端康成著《雪国》，叶渭渠、唐月梅译，南海出版公司，2020年第2版，145页。

② 特别需要再次重申的是，钟表的发明与普及增强了对时间的"当下性"的理解与体验。如果没有钟表——时间的流逝，亦可快，亦可慢，都不过是一种混沌而朦胧的生活底色——人们其实根本无法切实体验时间的当下性。

么是大众传播呢？它一般应该符合以下三个特点：

第一，传播主体一般是组织或单位，不是个人；

第二，传播活动所面向的对象，一般而言是"不确定的大多数"；

第三，传播的空间一般是以全社会为其空间的。

面对大众传播，我们讨论最多的是关于大众传播的社会功能，下面简单加以胪列。

第一个功能是信息传播。这是大众传播的基本功能，其他功能都是在此基础上的延伸和发挥。人们对耳听目闻和亲身感触之外世界的了解，由大众传播担当。这就是大众传播的社会有用性，也即其功能。由于它的不证自明，这一点往往被人忽略。

第二个功能是环境监测。大众传播对人们身处的世界的变化及时做出反应，为人们的决策应对提供信息支撑。在这个意义上说，大众传播常常被唤做"瞭望者"。《圣经·旧约·以西结书》第33章有段经文是这么写的：

> 耶和华的话临到我说："人子啊，你要告诉本国的子民说：我使刀剑临到哪一国，那一国的民从他们中间选立一人为守望的。他见刀剑临到那地，若吹角警戒众民，凡听见角声不受警戒的，刀剑若来除灭了他，他的罪就必归到自己的头上。他听见角声，不受警戒，他的罪必归到自己的身上；他若受警戒，便是救了自己的性命。倘若守望的人见刀剑临到，不吹角，以致民不受警戒，刀剑来杀了他们中间的一个人，他虽然死在罪孽之中，我却要向守望的人讨他丧命的罪。"

请看，这不就是对于"瞭望者"的绝佳描绘吗？美国作家塞林格笔下的"守望者"也有类似的意蕴。主人公的最大心愿是："我只想当个麦田里的守望者。"[①]麦田里有成千上万的小孩子，他们都在乱跑、嬉闹，然而麦田旁边就是悬崖，主人公的最大心愿就是守望着这些小孩子们，以免他们遭遇不测。宫泽贤治笔

---

① ［美］塞林格著《麦田里的守望者》，施咸荣译，译林出版社，2018年，188页。

下的母子，也有这样的温情对话，报纸不啻为他们的"福音书"，父亲的归来指日可待：

> "妈妈，我觉得爸爸再过段时间就能回来了！"
>
> "啊，是啊，我也这么觉得呢。不过，你为什么这么想呢？"
>
> "那还用说啊，今天的报纸上写着'北方今年渔业大丰收'啊！"①

第三个功能是社会协调。注意，社会协调还意味着深层次的价值观协调。赖特把这个功能称为"解释和规定"。譬如，呼唤正义、强调多元宽容、反对滥用公权力等，上述内容需要通过大众媒体予以确认与重申，这也算得上是"社会协调"功能。所以，社会协调是一个很广泛的功能，它的实质就是指对社会内部各子系统之间进行沟通、协调，使之能够正常运作。

第四个功能是文化传承。在现代社会，大众传播以其特有的传播优势，担当了社会表层范围的文化传承责任。学者刘宏宇曾经指出："私人文化机构的使命不再是构建神话和想象乌托邦，而是致力于在公开承认社会的利益多元性的基础上重新规范社会个体的内部关系和权力结构。"② 依笔者之见，这个说法也可以在一定程度上延展到对大众传播社会功能的再认识之上。人类文化从来都不是静态的而是动态的，文化自产生时起就不断传播、演变，文化依靠传播而互动生长，传播承载文化去影响社会。文化与传播相辅相成，而大众传播的出现使得文化与传播的关系特点进一步强化，同时，也意味着大众传播肩负着比以往传播方式更大的社会责任了。

第五个功能是提供娱乐。应该说，"二战"后的世界，虽然局部冲突不断，但总体上进入了一个和平发展的新时期。市场经济的全球化进程造成经济的繁荣和大众传播的迅速发展，为大众传媒娱乐功能的显现提供了条件。《愚人颂》（*The Praise of Folly*）曾讲："人生乐趣一旦消失，这种生活会变成个什么样子？

---

① ［日］宫泽贤治著《银河铁道之夜》，王小燕译，上海译文出版社，2023 年，62 页。

② 刘宏宇著《呈现的真相和传达的策略：博物馆历史展览中的符号传播和媒介应用》，人民日报出版社，2015 年，186 页。

还配得上称为生活吗？"① 确实，人类生活里的相当一部分时光，无非是用来娱乐与休闲的——而这恰恰是一个不可忽视的关键。大众传播提供了娱乐的可能途径。有的学者甚至考证说："一些调查表明，人们从电视中得到的满足，比从其他的追求中，如体育运动、饮食、娱乐活动甚至性生活等得到的快乐还要多！"② 此处捎带提及的"休闲"问题，本身其实也是一个饶有趣味的社会学课题。③ 英国作家伍尔夫甚至说："去旅行，去闲着……去看书做梦，去街角闲逛，让思绪的钓线深深沉入街流之中。"④

第六个功能是规范强制。大众传播可以通过"曝光"某些背离公共道德的行为，发起有组织的社会行动。这个功能与我们经常所说的舆论监督有许多相似之处，但值得注意的是，被迫接受社会规范的对象不仅限于公众人物，也包括普通民众。这个功能，也会造成社会形成"广场政治""多数的暴政"，媒体或大众站在道德制高点上，⑤ 压制个人的选择与自由。

第七个功能是地位授予。大众对传媒的某种崇拜源自传媒的"神秘感"，于是，"以受到传媒关注为荣"成为现代社会的一种社会心理。至于"崇拜"的内在原因，其实并不是不言自明的。西班牙伟大作家塞万提斯的一段讽刺，虽说的是"演戏"，但用在今天的"传媒"问题之上也丝毫不过时：

> 荒谬透顶、错误百出的戏不是也天天在演吗？不光在演，而且还演得很顺利，不但赢得了观众的掌声，还受到了他们的赞赏呢。⑥

---

① ［荷］伊拉斯谟著《愚人颂》，许崇信等译，译林出版社，2010年，14页。

② ［美］W. 兰斯·班尼特著《新闻：政治的幻象》，杨晓红、王家全译，当代中国出版社，2005年，275页。

③ 参见［德］约瑟夫·皮珀著《闲暇——文化的基础》，刘森尧译，新星出版社，2005年。

④ ［英］伍尔夫著《一间只属于自己的房间》，周颖琪译，天津人民出版社，2019年，142页。

⑤ 高小康敏锐地指出："魔由心生。恨世的根源其实在于人们对道德的矛盾态度——一方面相信自己应当是道德的，另一方面又怀疑自己能否是道德的。当一个人用相信的态度塑造着自我形象的同时，便在无意识中把怀疑的态度投到了他人身上，因此而造成了道德优越感。"参见高小康著《人与故事》，东方出版社，1993年，220页。

⑥ ［西］塞万提斯著《堂吉诃德》，屠孟超译，译林出版社，2011年，623页。

　　第八个功能是身心麻醉。传媒以丰富多彩的内容虚幻地满足了公众，使他们从积极地参与事件转变为消极地认识事件，降低和削弱了人们的行动能力。默顿和拉扎斯菲尔德曾分析了一种他们所谓"麻醉性功能失调"（narcoticising dysfunction）的媒介现象。他们关注的是：如果从能否激发观众采取行动的意义上来说，当他们接触到潮水般的信息时，媒体起到了"麻醉"作用，而不是使观众"活跃"起来。[①] 罗素说"我们知道得太多，却体验得太少"，[②] 也是这个意思。英文里有一个短语叫"沙发土豆"（Couch-Potato）——指的是那些拿着遥控器、蜷瘫在沙发里、整日没完没了看电视的人——亦是此意。"沙发土豆"是一个双关词，既说此人爱吃油炸土豆片，又同时指此人体型也愈来愈如土豆一般臃肿而肥胖，他丧失了积极行动的能力。注意，前述的第六、第七、第八个功能，有时被统称为大众传播的"功能障碍"或"功能不良"，即是说，它们会尤其导致一些负面的社会情况出现，这恐怕是需要受众对之深刻警醒的。

---

① ［英］戴维·莫利著《电视、受众与文化研究》，史安斌主译，新华出版社，2005年，294页。关于麻醉问题，还有一个分支型的见解，值得一提。一种观点坚持认为，媒介内容应该原汁原味呈现，任何修剪都毋宁说是一种"麻醉"。学者们认为："我们不应再退缩，有时候也应该去面对冲击与不安，我们应该让世界本身尽量如我们所发现的那般呈现在电视画面上，而非以看似品味高尚的检查制度麻醉自己。"参见［英］马修·基兰编《媒体伦理》，张培伦、郑佳瑜译，南京大学出版社，2009年，21页。

② ［英］伯特兰·罗素著《权威与个人》，储智勇译，商务印书馆，2010年，51页。

第十章　传播效果研究的里程碑

第一节　传播效果研究

传播效果本身是复杂的。我们无妨先来看几个有趣的例子。文学兼科学名著《寂静的春天》里有这样的说法：

> 我们习惯于寻找明显的、直接的影响，从而忽略了其他因素。除非是即刻发生，并且有明显的表现形式而无法忽视，否则我们会否认危险的存在。①

尼采则认为：

> 那种对较高种类的人来说为食物或提神的饮品而服务的东西，对很不相同的和较低下的种类的人来说几乎必定是毒药。②

突尼斯作家马哈茂德·马斯阿迪则说了这样的诡异现象：

> 你看他们又跪又拜，一天到晚主不离口，时时仰望上天，显得很虔诚，

① ［美］蕾切尔·卡逊著《寂静的春天》，许亮译，北京理工大学出版社，2015年，146页。
② ［德］尼采著《善恶之彼岸：未来的一个哲学序曲》，程志民译，华夏出版社，2000年，32页。

但这丝毫掩盖不了他们的动摇心理。他们是在用怀疑者的心理去颂主，越是这样，越颂得比旁人更勤、更急。他们怕人看出不诚之心，舌头就更不敢停下来了。①

在第一个例子里，效果究竟是短期效果，还是长期效果呢？

在第二个例子里，效果是对自己而言有效果，还是对他人而言有效果呢？

在第三个例子里，个人行动能否昭示个人态度呢？

——这些问题显然都存在巨大的不确定性，都是极难一概而论的。所以，我们必须颔首承认，效果问题是传播学研究中一个非常重要同时又非常棘手的问题。施拉姆等学者讲过这样的话：

> 对某些儿童而言，在某些条件下，某些电视节目是有害的；在同样条件下对另一些儿童，或同样的儿童在另一些情况下，这些电视节目也许就是有益的。对大多数儿童而言，在大多数条件下，大多数电视节目可能既不是有害的，也不是特别有益的。②

乍看起来，施拉姆等学者说的全是"废话"。研究的结果确实如此：学者们苦心孤诣地希望找到传播效果，但这种效果往往隐而不彰，几乎完全无法把握其内在规律。当然，反过来说，学术研究的意义也恰恰在这里，它至少向人们提示了问题的复杂性，且将一些有可能存在着的思想误区力图加以"廓清"。传播学中鼎鼎大名的议程设置理论同样遭遇了这样的"问题"。媒介议程与公众议程，究竟谁影响谁？这个问题似乎是说不清的。所以，学者们也只能颔首承认："新闻媒介对我们认识什么是当今最重要的议题有重要影响。这不是一种故意的、有心栽花的影响，不是那种'要有一个议程'的影响，而是一种无

---

① ［突尼斯］马哈茂德·马斯阿迪著《艾布·胡莱赖如是说》，王德新译，华文出版社，2018年，72页。

② 转引自［美］希伦·A.洛厄里、梅尔文·L.德弗勒著《大众传播效果研究的里程碑》，刘海龙等译，中国人民大学出版社，2009年，164页。

意的、无心插柳的影响。"①

　　传播效果研究往往和社会心理学相挂钩，其中一个显著主题是关于"从众心理"的——譬如"沉默的螺旋"理论。"沉默的螺旋"理论的核心要旨，用精神分析学家弗洛姆的一句话便可以说清：

　　　　只有一个人理解了人是多么害怕与别人隔绝，才能理解人们为何如此害怕与人不同，才能理解仅仅跟人群相差几步就会产生的那种"遑遑然如丧家之犬"的感觉。有时，这种对不一致的担心被合理化地解释为对可能威胁不一致者的实际危险的担心。但事实上，人们情愿与习惯一致的程度远远高于人们被迫去跟习惯保持一致的高度。至少在西方民主国家中，情况就是如此。②

　　不错，人们生活在世界上，尤其是生活在当下的高级互联网时代，非常需要"安全感"。这种所谓的"安全感"实际也可以理解为一种舆论的安全感，耳朵里必须得有点"声音"才成，如果没了声音就会让人感到孤立无援。可是，"孤立无援"的对立面似乎也不是没有问题，即"在所有社会中，人们都面对着来自意见气候的、能够促使一致性和起到凝聚作用的压力。"③美国作家哈珀·李曾如此笃定地说：

　　　　有一种东西不能遵循从众原则，那就是人的良心。……勇敢就是，在你还没开始的时候就知道自己注定会输，但依然义无反顾地去做，并且不管发生什么都坚持到底。④

---

① ［美］马克斯韦尔·麦库姆斯著《议程设置：大众媒介与舆论》，郭镇之、徐培喜译，北京大学出版社，2008 年，2 页。
② ［美］弗洛姆著《爱的艺术》，赵正国译，国际文化出版公司，2004 年，18 页。
③ ［德］伊丽莎白·诺尔 - 诺依曼著《沉默的螺旋：舆论——我们的社会皮肤》，董璐译，北京大学出版社，2013 年，256 页。
④ ［美］哈珀·李著《杀死一只知更鸟》，李育超译，译林出版社，2017 年，164 页、174-175 页。

　　"孤立无援"固然不好，"从众压力"亦非佳态，如何在二者之间取得平衡，不仅是一个关乎智慧的问题，同时也是一个关乎勇气的问题；不仅是一个关乎个体的问题，同时也是一个关乎群体的问题。

　　"沉默的螺旋"理论尤其提到了一个概念：意见气候。意见气候其实就是指对"大多数人的意见是什么、少数人的意见是什么"的状况的感知；或者说，是对社会上关于某问题（该问题一般富于争议）的意见的分布情况的感知。伊丽莎白·诺尔-诺依曼指出，大众传媒常常成为个人估计意见气候的主要依据。

　　可是，事实上，除了大众传媒，普通个体感受意见气候的方式还有另外两种：直接经验、人际传播。就直接经验、人际传播这二者而言，人际传播又往往占了大头。人际传播领域的一个传播学核心概念则是"舆论领袖"。美国作家梭罗的长篇散文《瓦尔登湖》中有一段惟妙惟肖的描绘，说的正是这类人：

　　　　这个村子在我看来像是个巨型的新闻编辑室……当我漫步经过村子时，我总会看见一整排这类了不起的人物，要么坐在梯子上晒太阳，俯身向前，用一种满足享受的表情不时东盼西望，要么身体靠着谷仓，双手插在袋子里，好似一根根女像柱在支撑着谷仓。他们通常总是待在户外，一有风吹草动立刻就会听到。这是一些干粗活的磨坊，一切流言蜚语都得先在里面进行粗加工或砸开，然后才倒进户内更加精细的漏斗里。①

　　"舆论领袖"就是这样的一些"干粗活的磨坊"，他们一方面消息灵通，"一有风吹草动立刻就会听到"；一方面好为人师，时常自诩"了不起"，更喜欢和街坊邻居们高谈阔论、指点江山。当然，时下是互联网、区块链、元宇宙的时代，然而，"舆论领袖"的本质并没有太多改变，因为，人类生活的本质亦未改变：我们需要沟通，需要传播，需要抒发，需要聆听，需要以悲喜之交错、爱恨之流转来确证自身。

　　————————————

① ［美］亨利·戴维·梭罗著《瓦尔登湖》，许崇信、林本椿译，译林出版社，2011年，121-122页。

在效果研究领域内，"写实主义"与"催眠主义"这两个说法也是需要加以了解的。大众传媒提供的内容，尤其是所谓的纪实影像，总会被视为具有某种修辞的力量，亦即它带来了"其所描绘的皆为事实"这样的印象。假如纪实影像透过感官上十分真实的画面，呈现出某种刻板印象，那么一般认为观众会倾向于接受这些刻板印象是真实的再现。影像据称具有一种溢散效果（spillover effect）。这就是"写实主义"。而"催眠主义"则主张，由于压倒性的、不间断的、一系列的结构性呈现——据称在一般的美国家庭中电视机每天开七个小时[1]——始终争夺着我们的注意力，想象力因而失效了。而想象力被视为道德思考的重要元素，因为它是一种展望其他道德可能性——毋宁说其他生活可能性——的力量，这种力量一旦被摧毁、被侵袭，人的脑子从此便陷入浑浑噩噩，苏醒无望。这就是"催眠主义"。以上两种论点，虽然路径不同，但殊途同归。"写实主义"与"催眠主义"都无不认为，大众传媒会造成如此这般的传播效果：它阻止观众展望事物（生活、法条、伦理道德等）的其他可能性，使观众认为事物不可能与屏幕上所描绘的有所不同。[2]——可是，正如本书一再强调并屡次重申的，传播效果本身极为复杂。"写实主义"与"催眠主义"也面临着各种诘责。就"写实主义"而论，它被认为不免忽视了许多传媒节目其实具有强烈的改革倾向这一事实。譬如"问题电影"，其旨归恰恰在于打破刻板印象，提请观众尤其注意某些严肃且严重、又习焉不察的社会病症，并暗示了改革的必要性与可能性。就"催眠主义"而论，它被认为不免夸大了观众对于传媒的注意力。观众们的注意力通常闪烁而逡巡，哪里会那么容易就被"催眠"呢？简单地打个比方，一个人如果盯着催眠师手里的小单摆，大概很容易就被催眠；然而，如果这个人时不时东张西望，只是偶尔看看催眠师而已，他如何被催眠？

无论如何，以下几个重要而具体的传播效果理论，读者们是应该知晓的：

---

① ［美］贾雷德·戴蒙德著《枪炮、病菌与钢铁：人类社会的命运》，谢延光译，上海译文出版社，2016年，10页。

② ［英］马修·基兰编《媒体伦理》，张培伦、郑佳瑜译，南京大学出版社，2009年，143-144页。

表 10-1：几个重要而具体的传播效果理论

	传播效果理论	核心观点
最早的强大效果论	魔弹论	大众媒介对受众产生巨大、一致、迅速、直接的影响
有限效果论	二级传播	大众传播影响意见领袖，意见领袖（以人际传播的方式）影响身边的人
	创新的扩散	信息流与影响流并不是一回事
重归强大效果论	议程设置	在一个时间段、一个地域内，媒介议程与受众议程有极高的同步性与一致性
	涵化论	电视节目中充斥的暴力内容增大了人们对现实社会环境危险程度的判断
	沉默的螺旋	这样的现象不断自我循环：一方大声地表明自己的观点，而另一方"吞"下自己的观点而保持沉默
更为曲折的强大效果论	第三人效果论	大多数人会认为大众媒介仅仅对别人的影响力较大，而对自己的影响力较小

看完了这个简表，相信大家对这些理论就不陌生了。

第二节　创新的扩散

上文提及了"创新的扩散"，而在传媒技术突飞猛进的当下时刻，这个话题值得着重再谈谈。

日本作家宫泽贤治的小说《古斯柯布多力传》暗含值得细致玩味的情节，涉及技术扩散的一个关键方面。火山局的技术同仁们希望通过大众传播的方式来推广某种施肥的手法或技巧，但事实上却是一位农业技师去向农民师傅们面授机宜。大众传播本来说得无误，农业技师却说错了。农民师傅们信从了农业技师的面对面指导，导致农业作物歉收。出于自惭或自私，这位农业技师把相关责任一股脑儿全推到了大众传播的头上。心存怨恨的农民师傅们把偶尔路过此地的一位火山局技术员臭揍了一顿。① 请看，"信息流"是大众传播"发源"的，可"影响流"却是人际传播"司掌"的。毋宁说，新技术的采纳与推广，确乎是一个大众传播与人际传播相互交织、相互勾连的复杂过程——而最终的"肯綮"竟然是人际传播。

读者朋友们，请再想想我们自己：第一次解锁青桔单车，第一次付款天猫购物，第一次连线腾讯会议，第一次注册豆瓣读书——那是在怎样的生活情景之下或工作境遇之中？或许大家也就更能明白"创新的扩散"之旨归了。作为每一个个体，我们已经无数次地通过大众传播耳闻眼观到关于各种新技术的提法或用法，但内心往往不为所动，感觉挺遥远，甚至挺滑稽；而最终打动并说服了我们的内心的、教诲并敦促我们亲自去接触与学习新技术的，往往是我们日常生活中关系最亲密的"老铁"或"闺蜜"。

是的，当今世界，传媒科技的发展非常之快，令我们"目不暇接"。数码摄像机的出现，郑重开启了"技术大井喷"的序幕。随后，博客风起云涌，引领大潮，至 2008 年年底，超过 1/10 的中国人拥有了博客。而在 2011 年前后，微博客的出现与繁荣更让几乎所有人为之惊叹，短短的 140 个字，囊宇宙于方寸，一时蔚为大观。微博客的新鲜劲头犹在，微信又横空出世了，仅"朋友圈发布"一项就成了广大智能手机用户特别是年轻人尤其钟爱的项目。2015 年，微信"朋友圈发布"里又添加了"短视频"功能，各式各样的短视频成为大家津津乐道的时髦玩意儿。2016 年，一个名曰"快手"的短视频发布平台异军突起并立刻开启高速发展之门，"快手"总用户于当年就突破了 3 亿。2017 年则被誉为"人工智能应用元年"，人工智能从精深前沿技术开始走向日常实际运用，由它引领的下一场更为深远的科技革命呼之欲出。而至 2019 年，5G 技术及其未来应用，已经成为大家耳熟能详的茶余谈资，此时此刻，若再谈 4G 都过时了！5G 技术的特点——干脆说得直白些——就是：无与伦比的快、人多也不怕、什么都能通信、最佳体验如影随形、超实时、超可靠。②2020 年，

① 语出宫泽贤治所著短篇小说《古斯柯布多力传》，参见［日］宫泽贤治著《银河铁道之夜》，王小燕译，上海译文出版社，2023 年，235-239 页。
② 匡文波撰《5G：颠覆新闻内容生产形态的革命》，载于《新闻与写作》2019 年第 9 期。

因为新冠疫情的缘故，"抖音""快手"等短视频平台大放异彩，"云健身"等实时短视频直播迅速成为"爆款"，"榜一哥哥"同时成为一种最时尚、最奥妙的称呼。同年2月，"人工智能训练师"正式成为新职业并纳入国家职业分类目录。[①]2021年被称为"元宇宙"元年，元宇宙成为科技圈最火的概念，各类科技公司竞相筹划布局，力图将现实世界和虚拟世界更好交互。至2022年，各种"云技术"如雨后春笋一般涌现，譬如"坚果云收集""NFT数字藏品"等，均是新近产生、发展尤为迅猛的新事物。2023年初始，ChatGPT等聊天机器人顷刻之间便已星火燎原。2024年2月，Sora模拟器的问世更令通用人工智能水平再上层楼。

——所有这些创新技术，都处于急遽扩散的过程之中；而处身于技术扩散之大潮中的人们，则难免都会在心头滋生出某种"本领不济、兴致颇高"[②]之感。或者，又如德国作家黑塞的长篇小说《荒原狼》中所揶揄与诘问的：

> 人也应该会发现那一切东西只会让自己远离自己的目标，让消遣和无用的忙碌的网越发严密地笼罩自己罢了，其他别无用处。我这样谈起自己熟悉的话题，不过并没有像平常那样痛贬、嘲弄时代和技术，而是半开玩笑半戏谑地说出来？[③]

诚然，传媒技术的迅猛发展，常常会带来传播学理论的广泛推进。就以AI作画技术为例吧！AI作画技术是不是本雅明所谓"灵韵"的当代复苏呢？本雅明曾经说，古代的艺术品都是独一无二的，所以，艺术品被"灵韵"环绕。随着照相术的发明与普及，照片底版理论上可以被无限次冲洗、复制、呈现，

---

① 束开荣撰《平台外包人：论幽灵工作的可见性——以人工智能数据标注员为个案》，载于《福建师范大学学报》2023年第3期。

② ［德］歌德著《浮士德》，绿原译，人民文学出版社，2014年，56页。

③ ［德］黑塞著《荒原狼》，萧逢年译，上海三联书店，2013年，151页。

艺术品的"独一无二"就注定丧失了，"灵韵"随即消散。[①] 可是，AI作画技术似乎是走了"否定之否定"的路子，因为，每一次AI作画的结果又是"独一无二"的了，"灵韵"因此氤氲再聚，毋宁说，"独尊以个体感受为中心的审美意识"[②] 再次崛起了。

再譬如，ChatGPT等聊天机器人似乎标志着"新常人"的出现。ChatGPT似乎无所不知、无问不答，然而其给出的答案全是——说得好听点儿是循规蹈矩或四平八稳——浮泛之流或庸碌之作。刘海龙等学者敏锐地指出，ChatGPT代表着一种"知识渊博的认知平庸者"。这样一种新的存在者虽然绝对服从人类，但是在实践中却将成为凝视人类的他者。[③]

又譬如，以流媒体网站为代表的视听内容智能分发平台加速了人类审美活动的私人化，培育了旨在强化社会区隔的"审美茧房"。一座又一座的"品位孤岛"突兀而起——彼此各说各话，老死不相往来，甚至彼此倾轧——它们是否导致公共美学及至整个文化公共性的衰微？各种类型的"网络文化战争"（online cultural wars）纷沓浮现于人们的视野，这些文化冲突本来可以在公共美学领域被协商或被钝化，但如今却只能以更尖锐与更突兀的形式广泛存在于日常生活之中。推动多元文化力量介入平台规则，呼吁个体对自身文化惰性的反思，并非没有必要。[④] 毕竟，审美虽然主要是个人感觉的事儿，但它同时也在一定程度上被期待着能对人类群体的精神健康与公共福祉予以关照。前文叙及的"文艺的无功利性"等诸理论问题在传媒技术大发展的今天也确乎期待着与时俱进的阐释与讨论。

本节的最后，笔者还希望举出一个研究好例：送外卖。一说到送外卖，人

[①] 参见［德］瓦尔特·本雅明著《迎向灵光消逝的年代——本雅明论艺术》，许绮玲、林志明译，广西师范大学出版社，2004年。复可参见［英］特里·伊格尔顿著《沃尔特·本雅明或走向革命批评》，郭国良、陆汉臻译，译林出版社，2005年。

[②] 陈卫星著《传播的观念》，人民出版社，2004年，280页。

[③] 刘海龙、连晓东撰《新常人统治的来临：ChatGPT与传播研究》，载于《新闻记者》2023年第6期。

[④] 常江、狄丰琳撰《从智能分发到"审美茧房"：数字时代的文化公共性反思》，载于《中国出版》2023年第14期。

们的脑海里会立时浮现出大数据、人工智能、算法经济等模糊"黑箱"，相反，外卖骑手、快递配送员为代表的新型劳动者们——他们自身在数字劳动过程中的物质化场景（即人类与媒介物、数码物以及其他技术人工物打交道的具体过程）被淡化和遮蔽了。[①] 如何"去蔽"就是一件尤其值得琢磨的事情。学者束开荣敏锐而又细致地指出，在数字劳动的大背景下，外卖骑手、电动车、智能手机、手机支架，反倒更"融洽"地结合在一起，"车机一体"才是常态。人骑着车，车的移动电池直接为手机续航，手机支架则解放了人的双手，高效接单与迅速送单相结合，最终通过电动车在物理空间中的定向移动来融入城市繁忙而扑朔的交通网络。[②] 换句话说，恰恰是在平台经济、数字劳动这般"玉壶光转"的技术耀目背景中，人的主体性"却在灯火阑珊处"才更值得被殷切寻觅与深沉叩问。

---

① 束开荣撰《构建数字劳动的物质网络：平台规训、算法协商与技术盗猎——基于"送外卖"的田野调查》，载于《新闻与传播研究》2022 年第 9 期。

② 束开荣撰《构建数字劳动的物质网络：平台规训、算法协商与技术盗猎——基于"送外卖"的田野调查》，载于《新闻与传播研究》2022 年第 9 期。

第十一章　批判学派

第一节　法兰克福学派与文化研究学派

当媒介变得无处不在、渗透到日常生活、与我们融为一体的时候，它就很难再清醒地被认识；我们只是沉浸在媒介营造的显在而繁华的世界里，却不去思索繁华背后的潜在威胁。从这个意义上说，我们需要从批判的角度来审视媒介与传播。

卡夫卡在长篇小说《城堡》里有一段描写，说的是一个叫巴纳巴斯的信使，负责去城堡里送信。然而，城堡里的工作场景如何呢？卡夫卡写道：

> 巴纳巴斯常常向我描述那情景，甚至还画给我看。巴纳巴斯通常被带进一间大公事房，但那不是克拉姆的公事房，压根儿就不是一个个人的公事房，惟一的一张斜面桌横放在房间里，从一面侧墙伸到另一面侧墙，把房间分成两部分，一个狭窄的部分，只容得下两个人擦肩而过，这是官员的房间，和一个宽阔的部分，这是当事人、旁观者、勤务员、信使的房间。斜面桌上放着翻开的大书，一本挨着一本，大部分书的前面都有官员站着，他们在读那些书。然而他们并不总是待在同一本书那儿，但不是交换书，而是交换位置，最令巴纳巴斯感到惊奇的是，他们在作这种位置交换时必须从别人身边挤过去，正是因为房间窄小。前面紧挨着斜面桌放着低矮的小桌子，桌前坐着文书，这些文书根据官员们的要求记录下他们口授的内容。巴纳巴斯总是不胜惊讶，不知这是怎么回事。没有什么官员的

明确的命令，也没大声口授什么，人们几乎觉察不出正在口授，更确切地说，官员似乎和原先一样在读书，只不过就是他一边读一边还在悄悄说话，文书则在听着。官员常常口授得非常小声，文书坐着根本听不见，于是他便总是不得不跳将起来，捕捉口授的话，飞快坐下，把它记录下来，然后又跳将起来，如此这般。这多么奇怪！这几乎不可思议。不过巴纳巴斯倒是有足够的时间去观察这一切，因为他在那间旁观者的房间里一站就是几小时，有时几天之久，克拉姆的目光才落到他身上。即使克拉姆已经看见他，巴纳巴斯毕恭毕敬地挺直身子，也还不是说就有戏了，因为克拉姆可能又把目光从他身上移开再去看书并把他忘掉，这是常有的事。这样不重要的信使差事，这叫什么差事呀？每当巴纳巴斯一大早说他要去城堡，我心里总是好难受。这一趟明明是完全徒劳的跑腿，这明明是白白浪费掉的一天，这种明明是徒然的希望。这一切算是怎么回事？①

这是一个诡异甚至恐怖的工作场景，乍读宛如梦魇，再看却很真实！城堡象征一个庞大而阴森的官僚机构，在这个机构的"俯视"之下，每一个生命个体都在做着卑微至极、近乎绝望的挣扎。城堡、房间、书籍，桌椅，这些物本应服务于人，现在却倒转过来，人受制于物，以致出现"不是交换书，而是交换位置"的奇观！这难道不就是"异化"的核心意思吗？巴纳巴斯是一位信使，赫耳墨斯亦是一位信使——两相对照，后者蹁跹于天地之间而毫无所阻，前者辗转于方寸之内而鲜有所达。当然，从另一个角度说，巴纳巴斯所体现出的那种始终如一的"坚持"，或许也正是人性自身的反映：即使身处炼狱，也要矢志不渝地去追寻生命的可能意义。

我们必须知道，一方面，马克思所说的异化是政治经济学所关注的那种异化，是那种被利用的异化，即私有制社会利用工人劳动所生产的产品（所以他在为别人生产财富，劳动创造了美，但是使工人变成畸形，工人生产出机器，却使另一部分人变成机器）；另一方面，是在生产关系中（在利用产品之前）

---

① ［奥］卡夫卡著《城堡》，张荣昌译，上海译文出版社，2012年，173-174页。

形成的异化，这样的生产关系使得工人无法知道自己劳动的目的，只将劳动看作一种简单的手段，为了生存而不得不使用的手段，工人不得不从事这种劳动，在劳动中做出牺牲，在劳动中死亡，在劳动中丧失了自己（因为不仅产品，即便生产劳动本身也不属于自己，而是属于别人）。[①] 由于这两种异化都是一种社会的存在的结果，所以，几乎可以认为，改变社会关系就可以消除这样的异化（消除这种异化成为严格的革命政治觉悟的目标）。[②]

——在"异化"这个核心概念的启发与辐射之下，法兰克福学派，逐渐成长为一个尤其重要的学派。很明显，继承了德国哲学思辨传统的法兰克福学派，是作为西方马克思主义一脉而被世人所熟知的。在被德国法西斯驱赶而流亡的路途中，法兰克福学派学者们对资本主义条件下的人、文明、技术统治、大众文化、意识形态等五方面的问题，进行了深刻的思考。

作为法兰克福学派的旗手，德国哲学家阿多诺对"文化定式"或"文化套路"进行了猛烈批判。在阿多诺的思想里，现代文化毋宁说是一种幼稚和退化的欲望，这种欲望就是要求对某些十分确立的文化定式的重复，这种重复必然摧毁文化革新的可能性。在这样的文化定式之中，庸碌大众无不成了可怜的牺牲品——当然也就因此而被异化了。人，已经成了文化定式的附庸，或按规则而欢歌，或照套路而悲泣，唯独丧失了自己。

但是，与阿多诺存在分歧的本雅明，其观点则略微乐观一些。本雅明认为，大众并不纯然是无意识的，并不纯然是麻木不仁的，并不纯然是对银幕上的东西不作分析而全盘接受的。毋宁说，在本雅明这里，"异化"的情况还不至于过于严重，至少还有若干可能的"转机"。传播学界素有所谓的"阿本之争"，讲的就是这个分歧之所在。

在若干"转机"之中，有一个"转机"最为后世津津乐道：如何看待传统

[①] 有学者鞭辟入里地指出："所谓资本购买劳动，其实就是积累起来的过去的劳动支配当下的活劳动，即支配一部分人当下的生命时间。这无疑是一种权力关系：谁拥有资本，谁就能支配他人的生命时间。但是，权力却被市场上平等交换的行为即'购买'掩盖了。权力这一非理性的东西现在披上了理性平等的外衣。事情的真相就是如此。"参见王德峰撰《〈哲学的贫困〉对于我们时代的意义》，载于《云南大学学报（社会科学版）》2017年第6期。

[②] 参见［意］安伯托·艾柯著《开放的作品》，刘儒庭译，新星出版社，2010年第2版，182页。

艺术与现代艺术的分野，其核心是究竟如何看待机械复制技术。本雅明本人的观点较为"骑墙"，但饶有趣味，理解其思想的一个关键锁钥是"灵韵"——波诡云谲的一个学术概念。有学者这样评论说：

> "灵韵"一词的拉丁语本意为"微风"，本雅明以之为喻来描述事物为彰显自身独特性而散发的一种微妙的气质。在本雅明看来，艺术充满灵韵且为灵韵环绕。在现代社会，艺术之所以成为艺术，首先它是独一无二的，其次它与日常生活和普通事物保持一定的距离。这两方面，是灵韵的两大关键标识。艺术的灵韵被机械复制与大众化生产破坏。①

如果说，法兰克福学派力图在"超拔"的意义上做出"仰首星空"的判断，那么，文化研究学派则力图在"还原"的意义上做出"俯身大地"的阐释。

英国伯明翰大学于 1964 年成立文化研究中心，形成英国文化研究学派。狭义地讲"文化研究"，它是一个特殊概念，特指由英国伯明翰大学文化研究中心的研究者发展起来的研究传统，这个传统尤其关注文本和受众。美国小说《在路上》曾讲"凡夫俗子、一文不名的人远比在天堂拥有威名者更心安理得"，②大概是对英国文化研究学派的研究主旨的精妙概括。下表简单将两个学派做了粗线条的对比勾勒。

表 11-1：文化研究学派与法兰克福学派的简单对比

英国文化研究学派	德国法兰克福学派
民粹主义倾向	精英主义倾向
实践倾向	理论倾向
微观倾向	宏观倾向

---

① 陈彤旭撰《后亚文化与流行音乐生产》，载于《当代青年研究》2013 年第 1 期。作为一个有益又有趣的参照，可以体会黎巴嫩诗人纪伯伦对艺术品的定义。纪伯伦说"艺术品是雕刻成形象的一团雾霭"。纪伯伦所谓"雾霭"与本雅明所谓"灵韵"确有互通共鉴之处。参见［黎巴嫩］纪伯伦著《纪伯伦散文诗经典》，李唯中译，译林出版社，2019 年，463 页。

② ［美］杰克·凯鲁亚克著《在路上》，文楚安译，漓江出版社，2001 年，256 页。

续表

英国文化研究学派	德国法兰克福学派
还原倾向	超拔倾向
政治倾向	艺术倾向

英国文化研究学派后来在美国得到了极大发展，美国的费斯克等学者秉持并发扬了英国文化研究学派的研究精髓。[①]

然而，费斯克的研究却尤其遭到了来自另一个学派的猛烈抨击——认为费斯克对受众进行了过于浪漫化的想象从而脱离了实际而严肃的社会生活，这个学派就是政治经济学派。当然，我们必须颔首承认，以费斯克为代表的文化研究领域的研究者常常将大众传媒视为抗争场域，他们的意思说白了就是，观众会对许多传媒节目中所呈现的意涵提出自己的异议，而并非亦步亦趋地"跟读"。不错，文化研究或许的确对人们观点的抗争程度有所夸大——过于浪漫化了，但文化研究毕竟捕捉到了某种抗争的实际存在，这足以对自动使观众陷于道德惯性的所谓同化效果假设提出质疑。

第二节　政治经济学派

1966 年，英国莱斯特大学成立大众传播研究中心，形成英国政治经济学派。该学派的代表人物是格雷厄姆·默多克（Graham Murdock）和皮特·戈尔丁（Peter Golding），他们于 1973 年发表的《呼唤大众传播的政治经济学》一文，被视为该派的纲领性文字。他们还于 1997 年合作编撰了两卷本的《媒体政治经济学》。

学者们从媒体的所有权和控制权入手分析，认为大众传媒是一种特殊的资本主义生产部门，统治阶级获取了对知识、信息、社会形象传播的控制权，因此他们要通过媒体来保障利益和能够带来这种利益的社会制度。从政治经济学

---

① 参见［美］约翰·费斯克著《理解大众文化》，王晓珏、宋伟杰译，中央编译出版社，2006 年第 2 版。

角度研究传播现象的还有美国、加拿大等国的一些著名学者。

当政治经济学派的观点被延展至国家与国家、民族与民族、文化与文化之间的时候，就立马牵扯到了"文化帝国主义"的问题。其实，对于"文化帝国主义"的反思，一直并未停歇，2018 年已经达到了近十年间的一个小高潮，这显然与当年的奥斯卡评奖事宜有关。2020 年之后，新冠疫情的反复侵袭，也从侧面"催动"或曰"倒逼"了"文化帝国主义"的相关研究。

众所周知，基于"文化"和"帝国主义"的复杂性，"文化帝国主义"事实上并没有明确定义，也不可能有明确定义，但"文化帝国主义"话语的诞生，恰恰描绘了一种新时代"殖民主义"的景象：建立文化霸权，极力发展本国文化产业，与其他国家拉开差距，占领世界文化市场，进而在经济上攫取利益，并试图利用产品中体现的价值观改造大众意识。

国内外学术界对"文化帝国主义"大多持批评态度，最典型的代表莫过于美国传播学者赫伯特·席勒。①而英国学者汤林森却另辟蹊径，发出了截然不同的声音。汤林森将"文化帝国主义"看作现代性带来的结果，重新对"文化帝国主义"进行解读，写成了享有盛名的《文化帝国主义》一书。②虽然书名叫《文化帝国主义》，但该书却认为并不存在事实上的"文化帝国主义"，因而大概也谈不上反对（或不反对）文化帝国主义。汤林森的语言总是绕来绕去：

> 虽然我们身处的世界已经改变，我们不再认为各个文化国度的差别可以简单地划分为"帝国主义"文化与"被支配、臣服"的文化，但是，以批判的角度论述文化帝国主义，仍然不失其为正当的抗议之声。③

《文化帝国主义》甫一出版，一时间得到许多学者的拥护，譬如美国学者

① 参见［美］赫伯特·席勒著《大众传播与美帝国》，刘晓红译，上海译文出版社，2013 年。
② 参见［英］汤林森著《文化帝国主义》，冯建三译，上海人民出版社，1999 年。
③ ［英］汤林森著《文化帝国主义》，冯建三译，上海人民出版社，1999 年，333 页。

詹姆斯·罗尔就说过"我完全赞同汤林森的观点"这样的话。[①]那么,汤林森说得究竟对不对呢? 席勒与汤林森,谁更贴近实际情况? 在 2023 年以后——后疫情时代——这样一个不寻常的时间段里,重新思考关于文化帝国主义的问题,想来是颇为有益的,更是迫切亟须的。虽然,这个问题可能永远不会有答案。只不过,就这个具体问题而言,"国家"究竟是不是抵抗文化侵入和保证民族纯正性的堡垒,还有待深思。毋宁说,任何依靠国家来保护和保障文化纯正性的战略,其实都是将某一种文化强加于社会中丰富多彩的文化之上的策略。

第三节 女性主义

这个视角的关键之处,是在性、性别、性属、性向等层面上展开对媒介内容的分析,其分析是别开生面的。注意,女性主义视角,是一个笼统的说法,其内有分野。但无论怎样,其核心是一致的,即坚持在性、性别、性属、性向等问题上多加留意,不可忽视。著名学者王怡红曾经有一个判断,她说:"在传播过程中,文化形态主要体现在五个方面:种族、社会性别、年龄、社会阶级、性定位(或性倾向)。"[②]不难看出,所胪列的五个方面中的两个都直接与女性主义有关。如果不考虑女性主义视角,显然无法将传播现象清晰勾勒与彻底厘清。

法国作家小仲马的长篇小说《茶花女》之中,男主人公阿尔芒的父亲对阿尔芒说:"你有一个情妇,这很好。"[③]这显然是从男方的角度说的。可是,一旦换作从女方的角度看,女主人公玛格丽特有了阿尔芒这样一位情夫,这就不得了了。这种情形甚至被格雷马斯写在了自己的叙事学分析里,这大抵是传统的

---

① [美]詹姆斯·罗尔著《媒介、传播、文化——一个全球性的途径》,董洪川译,商务印书馆,2005 年,230 页。
② 王怡红著《人与人的相遇——人际传播论》,人民出版社,2003 年,72 页。
③ [法]小仲马著《茶花女》,王振孙译,人民文学出版社,1980 年,163 页。

法国婚恋观：[①]

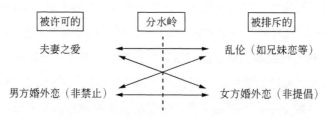

插图 11-1：格雷马斯视角下的法国婚恋观之矩阵

此类异常显眼的"双重标准"，其实在东方社会里也有大量回响。不妨再以日本中篇小说《棉被》为例，其中塑造的女性形象——芳子，乃是一位具备一定"抗争"思想的新时代女性，但即使是这样一位女性，也依旧被传统的男权思想彻底束缚、绑架了。《棉被》里的男主人公——时雄，甚至会这么暗下揣摩："不是处女这一事实——一度失贞这一事实，或许对年长许多且育有子女的自己来说，反而是更容易娶她为妻的条件。"[②]悉心的读者一定可以立刻察觉此处标记的双重标准，男性年长、已婚，这是婚姻的有利条件；与之相反，女性年幼、未婚，这才是有利条件。

《茶花女》与《棉被》所叙说的这些"双重标准"，在当下的社会里不仅依然存在，而且力量依然强大。说男人"钻石王老五"、说女人"大龄剩女"，说男人"四十一枝花"、说女人"四十豆腐渣"，又说"传内不传外、传男不传女"等惯用语或常用语，甚至诸如"妇孺皆知""妇人之见"这样的成语，"头发长、见识短""唯女子与小人难养也"这样的谚语，其背后所掩映、折射、重申、加固的，恰恰是男权社会的思想陈规。

无妨再举一个世所公认的文学好例。《一间只属于自己的房间》是伍尔夫最杰出的代表作，在这部伟大的女性主义作品里，伍尔夫臆造了一个历史人物：莎士比亚的妹妹。伍尔夫设问：如果真有这位妹妹，其境遇又会如何？伍尔夫自问自答说：

---

① ［法］格雷马斯著《论意义》（上、下），冯学俊、吴泓缈译，百花文艺出版社，2005 年，148 页。具体措辞，笔者有改动。

② ［日］田山花袋著《棉被》，周阅译，上海译文出版社，2011 年，126 页。

——她虽然天赋异秉，但没有机会读书，终日里补袜子或洗锅子；

——十几岁的她被安排订婚，她奋起反抗，被父亲毒打；

——父亲又含泪恳求她，必须答应亲事，否则就是丢了他的脸；

——夏日的夜晚，她选择了离家出逃，十七岁的年纪，独自前往伦敦；

——她来到剧院门口，被经理笑话说"要是女人会演戏，贵宾犬都会跳舞了"；

——某个演员经理对她起了"怜悯"之心，趁机占有了她，她怀孕了；

——冬夜里，她自杀了。①

伍尔夫最后陈词说："如果一个莎士比亚时代的女人拥有莎士比亚那样的才华，她的结局一定会和这个故事差不多。"②

莎士比亚的时代已经过去几百年了，但我们也得承认，男权社会的思想陈规依然存在——如何打破社会陈规，如何实现男女平等，甚至，如何进而实现被认为富于更趋激进意义的性别自由，③绝非易事，它需要全人类持续不懈的奋斗、抗争与努力，也同时渴求全社会与时俱进的宽容、澄明与善意。

况且，正如前文已经提示了的，在更为宽泛的意义上，女性主义的旨归甚至并不仅仅是为女性鼓与呼，它的旨归是为了人在性、性别、性属、性向等领域的全面解放而鼓与呼，亦即为了人类的全面解放而鼓与呼，它的鹄的在于对性别本质主义的全然否定。

——既然说到了性别自由，又说到了人类的全面解放，那么，另一个重要概念"酷儿"就值得提一提了。"酷儿与自尊"（queer and proud）甚至成为亚文化团体惯常使用的口号。④

"酷儿"一般被认为是"后女性主义"理论的一部分。法国社会学家埃里克·麦

① ［英］伍尔夫著《一间只属于自己的房间》，周颖琪译，天津人民出版社，2019 年，60-62 页。
② 同上。
③ 一般来说，女性主义内部至少可以分出两个支脉，一个支脉是自由主义女性主义，一个支脉是激进主义女性主义。参见［美］约翰·C. 尼罗等著《最后的权利：重议〈报刊的四种理论〉》，周翔译，汕头大学出版社，2008 年，212 页。
④ ［英］利萨·泰勒、安德鲁·威利斯著《媒介研究：文本、机构与受众》，吴靖、黄佩译，北京大学出版社，2005 年，19 页。

格雷敏锐地指出：

> 后女性主义的酷儿理论在构建主义的道路上走得更远，它连社会性别的概念也一并超越——上世纪 60~80 年代的女性主义忙于揭批男性主导，同性恋权益运动也忙于谴责异性恋规范、寻求同性恋身份的认可，但都没有走到那一步。后女性主义思潮认为，个体在性方面的实践超越一切分类，所以社会性别的概念也是个体自由的障碍。[①]

可见，后女性主义理论实质是一种"无性别主义"理论，它受女性主义理论启发，将人类社会的性别概念视为个体自由的障碍，也视其为媒介分析时需要予以规避的障碍。与后女性主义相联系，"后人类主义"似乎走得更极端，它认为男性与女性将完全融合。[②] 不错，这些"后-"诸理论，乍看起来似乎离我们的现实生活挺遥远，但它毕竟提示了人类生活——至少在文化意义上——的某种可能性。而且，但凡这种生活是能够实行得了的，它就一定是自然而然的。美国性社会学家金西的箴言始终颠扑不破："唯一不自然的性活动是不能实行的性活动。"[③] 马尔库塞评价说："性本能的社会组织实际上把所有无助于生育功能的性本能表现都视为性反常行为而予以禁止。"[④] 讲的无非还是这个道理。因而，十分"蹊跷"而"诡谲"地，"我想说的是有些事实明明众所周知，可是知道这些事实的公众却能够成功地，而且经常是自发地，回避对此类事实的公开讨论，好像它们是机密事件一样"。[⑤]

概念总是一环套一环！此处既然说到了"后女性主义""后人类主义"，那

① ［法］埃里克·麦格雷著《传播理论史：一种社会学的视角》，刘芳译，中国传媒大学出版社，2009 年，182 页。复可参见 Lisa Duggan and Nan D. Hunter, *Sex Wars: Sexual Dissent and Political Culture*, Routledge, New York, 2006, p.158.

② ［澳］杰夫·刘易斯著《文化研究基础理论》，郭镇之等译，清华大学出版社，2013 年第 2 版，241 页。

③ 转引自李银河著《李银河说性》，北方文艺出版社，2006 年，15 页。

④ ［美］赫伯特·马尔库塞著《爱欲与文明——对弗洛伊德思想的哲学探讨》，黄勇、薛民译，上海译文出版社，2008 年，27 页。

⑤ ［美］汉娜·阿伦特著《过去与未来之间》，王寅丽、张立立译，译林出版社，2011 年，220 页。

么，"后现代主义"这个概念也就必须较为详细地论说了。这个内容构成了下一节的主题。

第四节　后现代主义

长期以来，在西方现代思想史中，关于现代性与后现代性的讨论是最引人注目的话题之一。

据相关考证，"现代性"（modernity）一语虽然早在 1627 年版的《牛津英语词典》中已经出现，但其涵义就是"现时代"，并没有这个词今天所具有的复杂深邃的哲学意味。有些学者甚至还对"现代性"进行分类，认为存在两种彼此冲突的"现代性"：工业的现代性，或者，美学的现代性。[①]"现代性"概念本身已然如此迷离曲折，遑论在"现代性"反思基础上的"后现代"概念了。

也正是在这种独特而具体的语境之下，在社会科学领域谈论"后现代性"，仿佛本就是矛盾性的自我解构，是范式的兼容悖论。那么，作为社会科学的新闻传播学，当然也会面临同样的悖论。然而，同样需要加以留意的是，新闻传播学在整个社会科学中又具有特殊性，美国传播学者彼得斯（John Peters）曾直言"传播研究应当成为人类思想跨学科重组的先驱"[②]，新闻传播学可以被视作一个领域而非边缘确定的学科，因而反倒具备了范式共存与对话的可能。

我们知道，二十世纪六七十年代后，以罗兰·巴特（Roland Barthes）、米歇尔·福柯（Michel Foucault）等为代表的一些学者开始反思结构主义思潮在消解主体性话语时表现出的形而上学倾向，反思共时性"结构"的普遍性与绝对化。这种反思，其领域之宽广，已然蔓延与波及了生活的方方面面——福柯无疑是这些"反思者"中几乎最受人青睐、影响最大的一位。美国学者弗雷德里克·詹姆逊评论说：

---

① 陆扬、王毅著《文化研究导论》，复旦大学出版社，2006 年，18 页、37 页。
② 常江、何仁亿撰《约翰·杜伦·彼得斯：传播研究应当超越经验——传播学的技术史视角与人文思想传统》，载于《新闻界》2018 年第 6 期。

现在，我们渐渐有了一种直接叫作"理论"的书写，它同时都是或都不是那些东西。这种新的话语，通常与法国有关，而且被称作法国理论，正在逐渐扩展并标志着哲学本身的终结。例如，福柯的作品是否应称为哲学、历史、社会理论或政治科学？正如他们现在所言，这是难以定夺的；我将建议把这类"理论话语"也归入后现代主义现象之列。①

福柯对断裂之处十分着迷。一般人，大都喜欢连续的东西，认为传统、历史、连贯很重要。然而，福柯的心思却很奇诡，他说"断裂"的地方更值得研究。他坦诚地讲：

> 那些被称为观念史、科学史、哲学史、思想史还有文学史（它们的特殊性可暂时不管）的学科，不管它们叫什么名称，它们中大部分已有悖于历史学家的研究和方法。在这些学科中，人们的注意力却已从原来描绘成"时代"或者"世纪"的广阔单位转向断裂现象。今天，人们正力图在人类思想长期的连续性中，在某一竭力使自己存在下来、并且在一开始即至善至美的科学的顽强应变中，在某种类型、某种形式、某项学科、某项理论活动的持久性中，探测中断的偶然性。②

福柯甚至认为，就连"死亡"这件事也不应被理解为"普遍""必然""共性"，反倒应被理解为"个别""偶然""分殊"。③ 在福柯眼里，希腊式的艺术就是"生存艺术"或"生存美学"，这种艺术绝不安居于任何"监狱"，绝不服

---

① ［美］弗雷德里克·詹姆逊著《文化转向》，胡亚敏等译，中国社会科学出版社，2000年，3页。

② ［法］米歇尔·福柯著《知识考古学》，谢强等译，生活·读书·新知三联书店，2003年第2版，2页。同时可以参照其对"传统"的论述："比如传统这个概念，它是指赋予那些既是连续的又是同一的（或者至少是相似的）现象的总体一个特殊的时间状况；它使人们重新思考在同种形式中的历史的播撒；它使人们缩小一切起始特有的差异，以便毫不间断地回溯到对起源模糊的确定中去；有了传统，就能把新事物从常态中区分出来，并能把新事物的长处移交给独特性、天才、个人的决策。"参见［法］米歇尔·福柯著《知识考古学》，谢强等译，生活·读书·新知三联书店，2003年第2版，20页。

③ ［法］米歇尔·福柯著《临床医学的诞生》，刘北成译，译林出版社，2001年，193-194页。

从任何禁令，不自由毋宁死，自由是这种艺术筑造的家园，那家园没有外在的强制，它唯一的规定就是"做你自己想做的事"，包括你对自己的强制和自杀。日本小说家芥川龙之介说"在神的一切属性中，我最同情的是神不能自杀"，[①]明显带有一股子福柯的味道。这种"死又死不了"的"重负"，在一些学者的笔下呈现出了另一种样子：

> 四季不经过奥林帕斯神的国度，永生神对月和年的流逝无动于衷。有可以回忆的过去，有为之计划的未来，但未来和过去只是由相同的日子组成，不会带来衰老。永生神永远活着。他们被怀上、生出，长大到属于他们的年龄，就停止了。从此时起，只剩下日子。如果年龄无限前进却不能死亡，是多么不能容忍的重负！[②]

着重研究后现代主义的美国文学评论家伊哈布·哈桑绘制的一个表格，令人一目了然。后现代主义的若干核心旨归无外乎是——不确定、断裂、多态、变来又变去：[③]

表 11-2：现代主义与后现代主义的对照

现代主义	后现代主义
浪漫主义／象征主义	另类形而上学／达达主义
形式（关联的、封闭的）	反形式（断裂的、开放的）
目的	嬉戏
设计	机会
等级森严	无政府主义
讲究技巧／逻各斯	智穷力竭／沉默

---

① ［日］芥川龙之介著《罗生门——芥川龙之介短篇小说选》，楼适夷等译，译林出版社，2010年，304页。

② ［法］裘利亚·西萨、马塞尔·德蒂安著《古希腊众神的生活》，郑元华译，上海人民出版社，2008年，46页。

③ ［美］伊哈布·哈桑著《后现代转向》，刘象愚译，上海人民出版社，2015年，184-185页。

现代主义	后现代主义
艺术客体 / 完成之作	过程 / 表演 / 即兴即地表演
距离	参与
创造 / 整体性	反创造 / 解构
综合	对立
在场	缺场
有中心	分散
体裁 / 边界分明的	文本 / 文本间的
语义学	修辞
语句组合	符号组合
主从关系句法	无关联词并列句法
隐喻	换喻
根 / 深层	块茎 / 浅表
解释 / 阅读	反对阐释 / 误读
所指	能指
可读的（读者的）	可作为手稿的（作者的）
叙述的 / 正式	反叙述 / 野史
伟大的密码	个人习惯语
症状	欲望
类型	变异
生殖的 / 阳物的	多形态的 / 两性的
妄想狂 / 偏执狂	精神分裂症
渊源 / 原因	差异－延异 / 踪迹
上帝即父亲	神圣的鬼魂
形而上学	反讽
确定性	不确定性
超验性	内在性

其中，哈桑表格的第一行提及了"达达主义"，下面这首诗可谓诠释得最

到位——这其实就是"后现代主义"自身的写照：

> 拿一份报纸，
>
> 拿一把剪刀。
>
> 在报纸上挑一篇跟你想写的诗长短相当的文章。
>
> 剪下这篇文章。
>
> 然后把文中的每一个词仔细剪下，放进一个袋子。
>
> 轻轻地摇动它。
>
> 然后把里面的纸条儿逐一取出。
>
> 按照它们离开口袋的先后次序认真地抄写出来。
>
> 这就是你的诗。
>
> 于是你就成了一位十分独特、具有美妙感受
>
> 的作家，纵然尚不为凡夫俗子所赏识。[①]

　　生活在当下时代的人们，事实上就是生活在"后现代主义"思潮中的人们，不受到"后现代主义"思潮的影响恐怕是不可能的。当我们醉心于每日浏览琳琅满目的抖音视频的时候，当我们痴迷于每日观赏纷至沓来的 B 站弹幕的时候，当我们在豆瓣读书里细致咂摸着博主们呈送的幽默心得的时候，我们难道不就在做着十分类似的事情吗——剪下他人的只言片语，拼成自己的生活之诗？

　　而且，我们可以进一步探问：如果说知识不过是剪纸碎片，生活不过是剪纸碎片，那么还有什么不是碎片呢？身份也可以是碎片，信仰也可以是碎片，理想与希望同样亦是碎片。正如《传播理论史：一种社会学的视角》所归纳的：按照后现代主义的理路分析，一切皆可解构，凡事不过是被投入深渊的再现，

---

① ［罗马尼亚］特里斯坦·查拉所撰诗歌《为了写一首"达达"诗》，参见未凡、未珉编《外国现代派诗集》，中国文联出版公司，1989 年。

真实不过是我们所持的话语。[①] 由于在人类的意识旨趣之外并没有事实存在，所以知识的非连续性是一种常态，文化的多元与嬗变才是人类必须不断面对的唯一真正的事实。社会学家鲍曼说得不错：

> 任何秩序都在不顾一切地把一致性、规律性和可预测性强加给人类世界，但人类倾向于多样化、反复无常、不可预测。正如柯奈留斯·卡斯托里亚蒂斯（Castoriadis）所言，人类是"一种能够创造其他事物的存在，是变化的源泉，因此他们也不断改变自身"，人类的世界（除非是墓地）不可能是同一的、规律的、可预测的。[②]

——这个世界，似乎一下子就变得虚无起来、玄幻起来，也纷纭起来了。前文提到的后女性主义、后人类主义诸种，此时此刻，我们对其亦可更多一分理解。

相较而言，后结构主义大师巴特更是在文学批评的层面做出了其奇特而卓绝的贡献。譬如，他用一个非常好的例子说明了"能指/所指"的参照问题。伊哈布·哈桑说后现代主义更关注"能指"，这是什么意思呢？在名著《恋人絮语》之中，巴特建议读者们不妨设想一个恋人约会的场景，一方苦等另一方，然而另一方迟迟不到。等待者的脑海里不断浮现出大量的句子，譬如："他/她本该……""他/她不会不知道……"本该什么，知道什么，这无关紧要。"等待"的情势已经昭然。[③] 这些句子本身悬而未决、有待完成，"所指"是全然模糊的，但这业已足够——因为"能指"已经被赫然呈现了，悬念明明搭起，骚动隐隐袭来，角色的任务即告完成——既爱又恨，既温柔又阴森，既如落叶轻殇又如雷霆万钧。

---

① ［法］埃里克·麦格雷著《传播理论史：一种社会学的视角》，刘芳译，中国传媒大学出版社，2009 年，119 页。

② ［英］齐格蒙特·鲍曼著《工作、消费主义和新穷人》，郭楠译，上海社会科学院出版社，2021 年，144 页。

③ ［法］巴特著《恋人絮语》，汪耀进、武佩荣译，上海人民出版社，2016 年第 2 版，4 页。

第十二章　未来：传播控制与人类发展

第一节　政治、经济与受众

传播是受到控制的。粗线条地加以勾勒，我们可以简单地认为控制主要来自以下六个方面：政治、经济、文化、技术、受众、语言。

政治的控制是最强有力的控制，也是最显豁的控制。一般而言，政治控制首先体现在传媒体制的架构与运作之上。美国学者丹尼尔·哈林、意大利学者保罗·曼奇尼合著的《比较媒介体制：媒介与政治的三种模式》，美国学者弗雷德里克·S.西伯特等著的《传媒的四种理论》（原译名《报刊的四种理论》），美国学者约翰·C.尼罗等著的《最后的权利：重议〈报刊的四种理论〉》，是这个领域格外重要的三本论著。[①]

经济的控制相对而言较为隐蔽，但也是实质性的控制。一般而言，这种控制又与国情、政体等复杂问题息息相关。传播学的"领路人"施拉姆曾经这样评价道：

> 基本的原理是：任何社会对传播机构的控制都出自社会本身，代表着
> 其信仰与价值观。苏联的体制是将传播机构纳入其政治系统中。威权主义

---

① 参见［美］丹尼尔·哈林、［意］保罗·曼奇尼著《比较媒介体制：媒介与政治的三种模式》，陈娟等译，中国人民大学出版社，2012年；［美］约翰·C.尼罗等著《最后的权利：重议〈报刊的四种理论〉》，周翔译，汕头大学出版社，2008年；［美］弗雷德里克·S.西伯特等著《传媒的四种理论》（原译名《报刊的四种理论》），戴鑫译，中国人民大学出版社，2008年。

体制对媒介的控制依靠政府的限制和监督，也通过政府拥有的所有权，对媒介进行"照管"。美国的社会制度对控制媒介的态度是，实行最低限度的政治控制和政府控制，容许大量的经济控制，经济控制是通过私有制达成的。[①]

施拉姆的论说，是在较为宏观的意义上讲的。在较为微观的意义上，经济控制依然随处可见。譬如，现在社交媒体平台对于投稿用户纷纷设有"推广"功能，即所谓"付费流量"。用户付钱，所投稿内容就能得到更广泛的推送与传播；用户不付钱，就得不到推送与传播——这其实就是最通俗意义上的"经济控制"了。那种不付钱亦能得到推送与传播的，有时也被称为"自然流量"。相较而言，"自然流量"的获得几乎均出于某种非常偶然、意外的机缘。"付费流量"则稳定得多了。以现在火爆的"抖音"为例，一个视频内容大约推送给5000人（这5000人往往被称呼为"潜在粉丝"）观看，需要付费人民币100元左右——而且这5000人还得完全依循抖音系统的智能推荐；如果视频内容制作者指定了某一类具体人群（如指定男或女，指定河北或安徽，指定青年人或老年人等）为"潜在粉丝"，那么，人民币100元的价格就只能"买到"2500人左右，相当于价格翻了一番。

此刻就必须说到第三类控制——受众控制了。格外需要留意的是，受众的控制，其底里依然是一种经济控制。学者们普遍认为："人们总是根据接受者的感知方式来制造内容。"[②] 也就是说，传播者会为了迎合受众的喜好而修订传播策略，而这种"迎合"在较大意义上依然是为了最大程度地攫取经济利益。譬如刚刚提及的一个常见词汇"流量"——它一方面当然是对受众偏好的尊重、体察与爱护，另一方面当然也是对经济指标的测量、推崇与遵循。

[①] ［美］威尔伯·施拉姆、威廉·波特著《传播学概论》，何道宽译，中国人民大学出版社，2010年，174页。

[②] ［法］布尔迪厄著《关于电视》，许钧译，北京大学出版社，2020年，61页。

第二节　文化等其他因素

文化的控制则更为隐蔽，大部分控制形式都是曲折而晦涩的，甚至到了"习焉不察"的地步。《心》这部小说里记叙了一个情节：父亲病重，做儿子的"我"，要不要给远在外地的兄长、妹妹发电报？"我"暗自思忖，兄长工作很忙，妹妹正在怀孕，如果不到最后关头，似乎是不好叫他们回来的；然而如果叫得晚了，兄长与妹妹回来了，却未能见上父亲最后一面，这显然也是要"落下埋怨"的。因而，如何把握这个发电报的时机，就是一件责任重大又极伤脑筋的事情了。① 请看，这就是文化的控制。在儒家思想鼎盛的东方文化里，"孝"大概是人人额首的传统伦理。学者马少华曾表示："家庭本身及其家族伦理——孝——正是儒家思想的逻辑起点。"② 然而，如果"孝"这个传统伦理与当代生活的实际现状——譬如儿女并不在父母身边而是工作或生活在遥远的外地——有了冲突，事情就变得复杂、棘手、繁芜起来。发电报就绝不简单地是一个"信息发送"与否的问题了，而成了某种文化的束缚的象征：必须力求在传统伦理观念与当代生活节奏之间取得平衡，"信息发送"必须恰逢其时且恰到好处。

《文化的解释》则用学术语言记叙了与小说《心》几乎一样的生活实例，大意是说：一个叫"派贾恩"的人的葬礼是应该如期举行的，这是文化上所要求的；但是，主持葬礼的人或若干被认为必须参加葬礼的人，囿于实际的社会情况，生活与工作在城市的远处，并不能及时赶过来，那么，葬礼到底举行不举行呢？派贾恩葬礼是一个特别详尽的案例，它试图阐明：文化并不是派生的，文化有其"独立"之处。所以，才会出现"意义的文化框架"与"社会互动模式"竟然不一致的局面，这个"不一致"局面的出现，乃"源于在城市环境中对与农民社会结构相适应的宗教象征体系的坚持"。③ 说白了，社会生活早已经是城市的，但文化规则却依然是乡村的，二者冲突，才导致了这种特别尴尬

---

① ［日］夏目漱石著《心》，竺家荣译，时代文艺出版社，2020年，103页。
② 马少华著《想得很美：乌托邦的细节设计》，中国青年出版社，2011年，320页。
③ ［美］克利福德·格尔茨著《文化的解释》，韩莉译，译林出版社，2014年，203-204页。

的局面。

　　语言的控制，此处姑且可以与文化控制合并，因为语言与文化本来也是难分彼此的。技术的控制，一方面十分显豁，一方面又十分隐蔽。就以日常生活中的"点单"为例吧！很多店家要求顾客用手机线上点单，等同于拒绝线下点单，瑞幸咖啡恐怕就是非常显著的例子。2023 年秋，瑞幸咖啡与茅台集团联名推出"酱香拿铁"，许多顾客为尝鲜而赴瑞幸门店点单，然而门店却往往告知顾客无法直接点单，令许多顾客望而却步，沟通无果。这就是技术的控制。"手持人民币，无法买东西"的现象并不罕见，虽然这一现象本身违反国家现行法律法规，但人们通常也只能默认如此——因为技术控制格外"有力"，甚至"有力"到了与法律法规抗衡的地步。瑞幸门店一般连找零钱用的现金箱都没有，它又如何妥善收取现金从而完成线下接单呢？当然，更宽泛地说，这里所说的技术控制又注定和文化控制相联系起来了。因为，瑞幸咖啡的目标群体毕竟是一群青年人，他们划拉着手机匆匆下单，然后举着咖啡杯，戴上耳机，三步并作两步地行走在上班途中。如果是一群退了休的老年人，他们摩挲着昂贵的核桃手串，琢磨着广场舞的步伐，把手机举在耳朵旁边当广播外放，他们还会在瑞幸咖啡下单饮品吗？

　　另一个有趣的技术实例关乎电脑键盘。众所周知，在英文里，最常见的字母是 e 字母。字母出现频率按照使用多少的次序排列，根据美国作家爱伦·坡的个人统计，再向下的九个字母分别是：a、o、i、d、h、n、r、s、t。[①]一个有意思的事儿是，一般电脑键盘的设计——最常用的字母反倒是放在左手的。这是为何？前十位的情况如下：

表 12-1：最常用英文字母的键盘设计分布

	左手	右手
第一常用	E	
第二常用	A	

---

① 　语出爱伦·坡所著短篇小说《金甲虫》，参见［美］爱伦·坡著《爱伦·坡短篇小说集》，陈良廷等译，人民文学出版社，1998 年，232 页。

续表

	左手	右手
第三常用		O
第四常用		I
第五常用	D	
第六常用		H
第七常用		N
第八常用	R	
第九常用	S	
第十常用	T	

　　技术的控制往往是一件特别费思量的事情。[①]就以刚刚的电脑键盘设计为例，它的初衷事实上是要降低打字速度的，所以才会尽可能将最常用的字母交由左手（一般而言不是惯用手）处理。而这样做的目的是：控制打字速度，减少机器损耗，因为最开始的键盘设计是服务于老式的机械式打字机的。如果打字速度过快，会产生不必要的麻烦（譬如墨带缠绕），继而导致机器迅速损耗与报废，所以反倒不如打字速度略慢些才好。

　　总的来说，研究控制的问题，其实也是研究发展的问题。俗话说：无规矩不成方圆。知道了目下控制的来源、方向、特点，也就随之知晓了未来发展的基础、趋势、契机。无论如何，未来的社会，其孜孜以求的应当是：自由、平等、博爱、尊严、解放——这其实正是全人类所向往与追求的进步之境界。传播媒介，也应该为这样的进步之境界的早日实现而奋勇勠力。

第三节　重要的西方伦理学准则

　　文化问题的一个最核心、最显著的体现是伦理学准则。什么是伦理学准则？它无非就是说：做了一件事，做得对还是不对呢？应该做还是不应该做

---

① 参见［奥］米塞斯著《人的行动：关于经济学的论文》（上、下），余晖译，上海人民出版社，2013 年，530-531 页。复可参见［美］托马斯·库恩著《科学革命的结构》，金吾伦、胡新和译，北京大学出版社，2012 年第 2 版，133 页。

呢？这个就叫伦理学准则。当然，这是一个复杂而艰深的领域。学者郑根成评论说：

> 国内外传媒伦理学研究都在一定程度上存有"元"深度的缺失。如前所述，国内传媒伦理研究中，人们由于偏执于原则与规范的铺陈工作，而少有人对传媒伦理的概念、传媒伦理所涉及的关于媒体的"善"与"恶"、"正当"与"不正当"等问题作元哲学 / 伦理学的分析。[①]

在学习传播学的过程中，应该对西方的伦理学准则有所了解，这是非常重要的课业之一。只有了解了这些，才能对传播的控制有更为深入的把握与理解。西方的伦理学原则，一般认为有如下五个：

——亚里士多德的中庸之道。此准则认为，精神的美德就是在两个极端之间寻找一个平衡的位置。

——康德的绝对命令。此准则认为，凡是对于一个人来说是正确的对所有人也都是正确的。康德的这种观点带有"先验批判"的色彩，即这种"正确"应该是超出历史之外的、普遍的、必然的"正确"。

——穆勒的功利主义。功利主义原则促使我们一定是为多数人而不是为少数人谋利益。换句话说，人类的一切行动都应该致力于创造、维护、增进最大多数人的最大幸福。

——罗尔斯的无知之幕。此准则认为，只有当忽视一切社会差别时，正义才出现。因而，无知之幕的核心恐怕正在于希望能拉平一切。拉平一切的效果只能是：不能保证出现最好的情况，但至少可以避免出现最差的情况，亦即，当下最差的情况在经过"拉平"之后必然不会变得更差。

——犹太教 - 基督教指出"像爱自己一样爱你的邻居"，此准则同时包含着某种牺牲精神。

在传媒工作中，类似的例子其实是特别多的，譬如一个最常见却最棘手的

---

① 郑根成著《媒介载道——传媒伦理研究》，中央编译出版社，2009 年，22 页。

两难问题：偷拍偷录。

——照亚里士多德的中庸之道办理，偷拍偷录可以实行，但不要把视频公开出来，也就是了。

——照康德的绝对命令办理，偷拍偷录不可行，因为"偷"总是不对的，无论在任何情况下都没有例外。如果偷一般的东西是可耻的，那么，偷拍偷录（相当于偷了肖像权）自然也是可耻的。

——照穆勒的功利主义办理，偷拍偷录可以实行。因为，个人肖像权的丧失，换来了多数人的知情权。多数人之利益的增加，少数人之利益的减损，两下对照，前者能够也应该以后者为代价。

——照罗尔斯的无知之幕办理，偷拍偷录不可行。因为规则在被制订出来之时，无法知晓谁是偷拍者、谁是被偷拍者。所以，为了保证处于最不利状态的被偷拍者不至于变得状态更狼狈或更糟糕（尤其注意，每个人都可能处于这个状态，因为这是"无知之幕"下的状态，亦即，制订规则的这个人必须时刻考虑到：他自己也有可能就是被偷拍者，那么，他会怎样制订这个规则呢？），还是不要进行偷拍偷录为宜。

——照犹太教 - 基督教办理，偷拍偷录可以实行。而且，被偷拍者甚至应该心甘情愿。"有人打你的右脸，连左脸也转过来由他打。"[1] 王尔德的一篇童话就特别契合犹太教 - 基督教的伦理准则。一个小男孩——这位显然就是救世主——竟然把"恐怖的钉痕"视为"爱的烙印"。王尔德写道：

> 树的下边就站着巨人特别喜爱的那个小男孩。
>
> 巨人激动地跑下楼，出门朝花园奔去。他急匆匆地跑过草地，奔向孩子。来到孩子面前，他脸红脖子粗地愤愤说道："谁敢把你弄成这样？"只见孩子的一双小手掌心上留有两个钉痕，他的一双小脚上也有两个钉痕。
>
> "谁敢把你弄成这样？"巨人吼道，"告诉我，我去取我的长剑把他

---

[1] 《圣经·新约·马太福音》第 5 章。

杀死。"

　　"不要！"孩子回答说，"这些都是爱的烙印啊。"①

　　不消说，如果连"钉刑"都可以被视为"爱"，那还有什么是不能牺牲的呢？偷拍偷录不过牺牲了肖像权，自然不在话下。确确实实，当我们理解了这些准则，我们就能明白，传播现象与传播活动其实都是被"控制"的——即使如此这般的"控制"或许在被控制的人看来反倒是甘之如饴的事情。

　　另外，伦理学准则也让我们更趋明晓了人世问题的复杂棱面：在这个世界上，并不存在普适的准则，准则总是千差万别、各有讲究；这当然也就同时意味着，对与错、善与恶、正与邪，亦不是完全规定"死"的，它们反倒是"活"的。黎巴嫩诗人纪伯伦说"如果他们所谈论的善与恶均正确无误，那么，我的一生便是连续犯罪"，②其中深意读者自可领会。毋宁讲，对与错之间完全谈不上什么必然。"有人以为宣称'道德是必要的'，便是道德；事实上他们只相信一件事，那便是警察是必要的。"③换言之，"道德"的背后不是"自在的必然"而是"人为的断言"。与"法"类似，"道德"亦不过是人类为达到利己目的而创造的具有他律性的"害己"手段。既然不是"必然"，就是可以改变的。虽然，在既存道德看来，"改变"总归具有破坏性，总归是"逆流"，但这些"逆流"恰恰证明了它们所要破坏的东西——独断及独断所造成的普遍压抑——才是破坏性的。

---

① 语出王尔德所撰童话《自私的巨人》，参见〔英〕王尔德著《夜莺与玫瑰：王尔德童话全集》，王林译，译林出版社，2022 年，35-36 页。关于"钉痕"的意蕴，复可参见黎巴嫩诗人纪伯伦的诗句："你掌上的铁钉，比朱庇特的权杖高贵大方；你脚上的血滴，比阿施塔特的钻石项链晶莹明亮。"参见〔黎巴嫩〕纪伯伦著《纪伯伦散文诗经典》，李唯中译，译林出版社，2019 年，117 页。

② 〔黎巴嫩〕纪伯伦著《纪伯伦散文诗经典》，李唯中译，译林出版社，2019 年，437 页。

③ Nietzsche, *Thus Spake Zarathustra*, trans. Thomas Common, New York, Dover Publications, Inc., 1999, p.63.

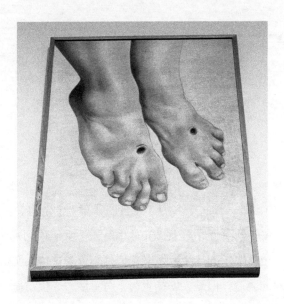

插图 12-1 :［法］作于布料之上的染色油画,《钉痕》, 选自艺术作品展《紊乱与安宁》(*Chaos & Calm*), 曼谷, 2023。此幅染色油画的创作者是法国艺术家 Myrtille Tibayrenc。

尾声

　　《金蔷薇》中讲过这样一个名为《夜行的驿车》的故事，假托了安徒生的名义。大意是：在一辆夜行驿车上，安徒生邂逅了女子埃列娜·葛维乔里；埃列娜·葛维乔里也认出了安徒生，她非常仰慕与爱戴这位大文豪。总之，这二人之间算得上双向奔赴。但是，安徒生为了写童话，心生彷徨，最终还是选择了放弃这段感情。安徒生告诫自己说："我虚构爱情的本领要比在现实中去经受爱情的本领大得多。"[①] 安徒生与埃列娜·葛维乔里只见过匆匆一面，分手后再也未见。安徒生一心一意地创作童话，直到去世。然而，临终之时的安徒生却大为懊悔，认为他自己做错了，他由衷地对一位青年作家倾诉说："当时我应当将想象，不管它多么有力，多么灿烂光辉，让位给现实。"[②]

　　《夜行的驿车》如此发人深省！不错，人不该生活在书本里，不该生活在想象里，不该生活在理论里，不该生活在童话里；相反，人应该笃定、倔强、欣幸、爽朗地生活在实在又活泼的生活里，这才是人生的真谛。伟大诗篇《浮士德》的那句名言，更值得大家时刻温习：

　　　　所有理论都是灰色的，
　　　　生活的金树常青。[③]

---

① 语出帕乌斯托夫斯基所撰小说《夜行的驿车》，参见［俄］帕乌斯托夫斯基著《金蔷薇》，戴骢译，上海译文出版社，2010 年，222 页。
② 语出帕乌斯托夫斯基所撰小说《夜行的驿车》，参见［俄］帕乌斯托夫斯基著《金蔷薇》，戴骢译，上海译文出版社，2010 年，224 页。
③ ［德］歌德著《浮士德》，绿原译，人民文学出版社，2014 年，50 页。

　　难道，生活不正是如此吗？理论不正是如此吗？学习与了解包括传播学在内的几乎所有理论知识的目的，[①] 终究是为了普通生活的日趋向善，绝非其他。而当我们确乎如此思考、这般行动的时候，这也恰恰体现了我们的一贯态度：不将"传播学"视作古板而艰涩的书本知识，而是始终渴慕着日常生活的积极且热情的回应。作为人们生活态度、经验方式、文化类型的"传播"，绝非与目下实践或未来期许相隔甚远的"陈词古董"，它始终焕发着蓬勃而益然的欣欣生机！

　　啊！那位信息之神、沟通之神、传播之神、旅行之神——赫耳墨斯，在他的生动指引下，我们在世界文学园圃里的游历此刻也接近尾声了。

　　人的五感是我们首先提及的，然后谈了关于语言、文字等媒介方面的知识。而在对于传播、信息、冗余、符号等几个核心概念加以论说之后，我们依次涉猎了人内传播、人际传播、跨文化传播、文艺传播等几个分支领域。游历的后半程，讨论的重点逐渐转向新闻传播，而若干传播效果理论尤其富于光彩。同时，批判学派的视角为我们打开了认识传播现象的另一扇澄澈之窗，未来社会发展在值得深入省思的同时也值得热烈期待。

　　——木欣欣以向荣，泉涓涓而始流！赫耳墨斯曾经引导珀耳塞福涅（Persephone）从"遁亡"走向"重生"。珀耳塞福涅被迫与其母德墨忒尔（Demeter）分开，遁入冥府，其后又在赫耳墨斯的指引之下回归地上世界。巨著《金枝》悠然地解说道：

　　　　每年大地春暖花开的时候，她（珀耳塞福涅）就从阴间回来。于是女儿愉快地到阳光里来，母亲高兴地接待她，搂着她；德墨忒尔找回了失去的女儿，感到很愉快，她使谷物从犁过的土块中长出来，使整个宽广的大

---

① 这里用了"几乎"二字，因为确实存在非常少量的理论知识，与实际生活没有联系。譬如，数学理论中的若干理论，具体如"数论"，即研究质数、合数、"哥德巴赫猜想"这样的"自然数之问题"的理论，至今尚未发现其与实际生活之间的任何直接联系。这样的理论知识似乎确实可谓是"纯理论"的。

地盖满枝叶和花朵。①

　　珀耳塞福涅与德墨忒尔相会的时刻，赫耳墨斯也在微笑了。母女离别，竟又重逢，岂不是世间最动人心弦、最甘美无匹的时刻？作为引路者的赫耳墨斯，又焉能不深感欣慰、倍觉荣耀呢？手持带有斑斓羽毛的节杖的赫耳墨斯，游走于旷野，飞翔于山巅，升腾于碧空，沉潜于冥河，几乎是以一己之力，把大千世界试图连缀成一个有机而温柔的整体。

　　永恒不过岁月荏苒，幸福皆在平凡须臾！大地被和煦的阳光照耀，佳木秀而繁荫，鲜花纷纷绽开了醉人的笑靥。赫耳墨斯又似乎独自冥想着与呢喃着什么——葳蕤而斑斓的羽毛，微微颤动在轻柔的熏风里——在刹那与永恒之中，在平凡与高贵之间，在轻盈翎羽与森郁峻岭之际，在绵延歌咏与深邃苍穹之畔，恰如那几句诗所祈祷与希冀的：

　　　　啊，是的，这是你出生的故土，你故乡的土地；
　　　　你所寻者近了，正上前来迎接你。②

---

① ［英］詹乔·弗雷泽著《金枝》，徐育新等译，大众文艺出版社，1998 年，568 页。
② 译文转引自［美］本尼迪克特·安德森著《想象的共同体：民族主义的起源与散布》，吴叡人译，上海人民出版社，2016 年，243 页。此处译文，笔者有改动。另一翻译版本写作："有啥奇怪！这里是出生的地方，是故乡，你要寻找的，已经很近，你就要见到。"参见［德］荷尔德林著《荷尔德林诗选》，林克译，四川人民出版社，2021 年，68 页。原文：Freilich wohl! Das Geburtsland ists, der Boden der Heimat, Was du suchest, es ist nahe, begegnet dir schon.

插图 13-1 :［意］青铜雕塑,《赫耳墨斯》, 作者不详, 约 16 世纪作品, 藏于美国华盛顿国家艺术画廊。

参考文献

1. ARISTOTLE. Poetics[M]. New York: Dover Publications Inc., 1997.

2. BAUDELAIRE. The Flowers of Evil[M]. Middletown: Wesleyan University Press, 2006.

3. CHRISTIANS, FERRE, FACKLER. Good News: Social Ethics & The Press[M]. New York: Oxford University Press, 1993.

4. DUGGAN, HUNTER. Sex Wars: Sexual Dissent and Political Culture[M]. New York: Routledge, 2006.

5. JANDT. Intercultural Communication: An Introduction[M]. Thousand Oaks: Sage Publications Inc., 2001.

6. NIETZSCHE. Thus Spake Zarathustra[M]. New York: Dover Publications Inc., 1999.

7. PLATO. The Symposium[M]. Cambridge: Cambridge University Press, 2008.

8. STORR. Music and the Mind[M]. New York: HarperCollins Publishers, 1992.

9. 阿赫玛托娃. 我学会了简单明智地生活：阿赫玛托娃诗 100 首 [M]. 晴朗李寒，译. 北京：人民文学出版社，2021.

10. 阿伦特. 过去与未来之间 [M]. 王寅丽，张立立，译. 南京：译林出版社，2011.

11. 阿皮亚. 世界主义：陌生人世界里的道德规范 [M]. 苗华建，译. 北京：

中央编译出版社，2012.

12. 埃科．玫瑰的名字 [M]. 沈萼梅，刘锡荣，译．上海：上海译文出版社，2015.

13. 埃斯库罗斯等．古希腊悲剧喜剧集：上、下 [M]. 张竹明，王焕生，译．南京：译林出版社，2011.

14. 艾布拉姆斯．镜与灯——浪漫主义文论及批评传统 [M]. 郦稚牛，等译．北京：北京大学出版社，1989.

15. 艾柯．开放的作品 [M]. 刘儒庭，译．2 版．北京：新星出版社，2010.

16. 安德森．比较的幽灵：民族主义、东南亚与世界 [M]. 甘会斌，译．南京：译林出版社，2012.

17. 安德森．想象的共同体：民族主义的起源与散布 [M]. 吴叡人，译．上海：上海人民出版社，2016.

18. 奥古斯丁．忏悔录 [M]. 周士良，译．北京：商务印书馆，1963.

19. 奥勒留．沉思录 [M]. 梁实秋，译．天津：天津人民出版社，2017.

20. 奥威尔．一九八四 [M]. 董乐山，译．上海：上海译文出版社，2010.

21. 巴特．恋人絮语[M]. 汪耀进，武佩荣，译．2 版．上海：上海人民出版社，2016.

22. 拜伦．拜伦诗选 [M]. 查良铮，译．北京：人民文学出版社，2021.

23. 班尼特．新闻：政治的幻象 [M]. 杨晓红，王家全，译．北京：当代中国出版社，2005.

24. 班扬．天路历程 [M]. 周爱农，译．芜湖：安徽师范大学出版社，2014.

25. 鲍曼．生活在碎片中——论后现代道德 [M]. 郁建兴，等译．上海：学林出版社，2002.

26. 鲍曼．工作、消费主义和新穷人 [M]. 郭楠，译．上海：上海社会科学院出版社，2021.

27. 贝尔特朗．夜之加斯帕尔 [M]. 黄建华，译．上海：华东师范大学出版社，2017.

28. 贝斯特．艺术·情感·理性 [M]. 季惠斌，等译．北京：工人出版社，

1988.

29. 本尼迪克特 . 文化模式 [M]. 王炜，等译 . 北京：社会科学文献出版社，
2009.

30. 本雅明 . 巴黎，19 世纪的首都 [M]. 刘北成，译 . 北京：商务印书馆，
2013.

31. 本雅明 . 发达资本主义时代的抒情诗人 [M]. 张旭东，魏文生，译 . 2 版 .
北京：生活·读书·新知三联书店，2007.

32. 本雅明 . 迎向灵光消逝的年代——本雅明论艺术 [M]. 许绮玲，林志明，
译 . 桂林：广西师范大学出版社，2004.

33. 本雅明 . 十四行诗 [M]. 王凡柯，译 . 北京：人民文学出版社，2021.

34. 彼得斯 . 交流的无奈——传播思想史 [M]. 何道宽，译 . 北京：华夏出版
社，2003.

35. 波德莱尔 . 恶之花 [M]. 文爱艺，译 . 成都：四川人民出版社，2007.

36. 波罗 . 马可·波罗游记 [M]. 陈开俊，等译 . 福州：福建科学技术出版社，
1981.

37. 波斯特 . 第二媒介时代 [M]. 范静哗，译 . 南京：南京大学出版社，
2005.

38. 博尔赫斯 . 诗艺 [M]. 陈重仁，译 . 上海：上海译文出版社，2015.

39. 博尔赫斯 . 小径分岔的花园 [M]. 王永年，译 . 上海：上海译文出版社，
2015.

40. 柏拉图 . 斐德若篇 [M]. 朱光潜，译 . 北京：商务印书馆，2018.

41. 柏拉图 . 蒂迈欧篇 [M]. 谢文郁，译注 . 上海：上海人民出版社，2003.

42. 柏拉图 . 斐多 [M]. 杨绛，译 . 沈阳：辽宁人民出版社，2000.

43. 柏拉图 . 理想国 [M]. 郭斌和，张竹明，译 . 北京：商务印书馆，1986.

44. 柏拉图 . 游叙弗伦 / 苏格拉底的申辩 / 克力同 [M]. 严群，译 . 北京：商
务印书馆，1983.

45. 勃朗特 . 简·爱 [M]. 黄源深，译 . 南京：译林出版社，2010.

46. 勃朗特 . 呼啸山庄 [M]. 张玲，张扬，译 . 广州：花城出版社，2023.

47. 伯林 . 浪漫主义的根源 [M]. 吕梁，等译 . 南京：译林出版社，2011.

48. 伯林 . 自由论 [M]. 胡传胜，译 . 南京：译林出版社，2011.

49. 薄伽丘 . 十日谈 [M]. 钱鸿嘉，等译 . 南京：译林出版社，2010.

50. 布伯 . 我与你 [M]. 陈维纲，译 . 北京：商务印书馆，2015.

51. 布尔迪厄 . 关于电视 [M]. 许钧，译 . 北京：北京大学出版社，2020.

52. 布里多诺 . 哈利·波特与历史 [M]. 赵飒，译 . 北京：中译出版社，2022.

53. 布鲁斯 - 米特福德，威尔金森 . 符号与象征 [M]. 周继岚，译 . 北京：生活·读书·新知三联书店，2014.

54. 陈力丹，陈俊妮 . 传播学纲要 [M]. 2 版 . 北京：中国人民大学出版社，2014.

55. 陈力丹 . 贞操带 [M]. 香港：香港时代国际出版有限公司，2009.

56. 陈卫星 . 传播的观念 [M]. 北京：人民出版社，2004.

57. 川端康成 . 雪国 [M]. 叶渭渠，唐月梅，译 . 2 版 . 海口：南海出版公司，2020.

58. 茨威格 . 昨日的世界———一个欧洲人的回忆 [M]. 舒昌善，等译 . 桂林：广西师范大学出版社，2004.

59. 村上春树 . 挪威的森林 [M]. 林少华，译 . 上海：上海译文出版社，2018.

60. 达尔文 . 人类的由来 [M]. 潘光旦，胡寿文，译 . 北京：商务印书馆，1983.

61. 大仲马 . 基督山伯爵：上、下 [M]. 周克希，译 . 北京：外语教学与研究出版社，2018.

62. 戴蒙德 . 枪炮、病菌与钢铁：人类社会的命运 [M]. 谢延光，译 . 上海：上海译文出版社，2016.

63. 戴维斯 . 音乐的意义与表现 [M]. 宋瑾，等译 . 长沙：湖南文艺出版社，2007.

64. 但丁 . 神曲·地狱篇 [M]. 黄文捷，译 . 南京：译林出版社，2005.

65. 但丁 . 神曲·炼狱篇 [M]. 黄文捷，译 . 南京：译林出版社，2011.

66. 但丁 . 神曲·天堂篇 [M]. 黄文捷，译 . 南京：译林出版社，2011.

67. 道格拉斯 . 洁净与危险 [M]. 黄剑波，等译 . 北京：民族出版社，2008.

68. 德勒兹 . 批评与临床 [M]. 刘云虹，曹丹红，译 . 南京：南京大学出版社，2022.

69. 东野圭吾 . 白夜行 [M]. 刘姿君，译 . 3 版 . 海口：南海出版公司，2017.

70. 都德 . 最后一课 [M]. 陈伟，李沁，译 . 南京：译林出版社，2019.

71. 段义孚 . 恋地情结 [M]. 志丞，刘苏，译 . 北京：商务印书馆，2018.

72. 菲茨杰拉德 . 了不起的盖茨比 [M]. 姚乃强，译 . 北京：人民文学出版社，2004.

73. 费斯克 . 理解大众文化 [M]. 王晓钰，宋伟杰，译 . 2 版 . 北京：中央编译出版社，2006.

74. 费孝通 . 乡土中国 / 生育制度 [M]. 北京：北京大学出版社，1998.

75. 冯友兰 . 中国哲学简史 [M]. 北京：北京大学出版社，2013.

76. 弗莱 . 批评的解剖 [M]. 陈慧，等译 . 天津：百花文艺出版社，2006.

77. 弗雷泽 . 金枝 [M]. 徐育新，等译 . 北京：大众文艺出版社，1998.

78. 弗洛姆 . 爱的艺术 [M]. 赵正国，译 . 北京：国际文化出版公司，2004.

79. 弗洛伊德 . 释梦 [M]. 孙名之，译 . 北京：商务印书馆，1996.

80. 福柯 . 知识考古学 [M]. 谢强，等译 . 2 版 . 北京：生活·读书·新知三联书店，2003.

81. 福柯 . 规训与惩罚 [M]. 刘北成，杨远婴，译 . 3 版 . 北京：生活·读书·新知三联书店，2007.

82. 福柯 . 疯癫与文明 [M]. 刘北成，杨远婴，译 . 3 版 . 北京：生活·读书·新知三联书店，2007.

83. 福柯 . 性经验史 [M]. 佘碧平，译 . 上海：上海人民出版社，2005.

84. 福柯 . 临床医学的诞生 [M]. 刘北成，译 . 南京：译林出版社，2001.

85. 高小康 . 人与故事 [M]. 北京：东方出版社，1993.

86. 高小康 . 大众的梦 [M]. 北京：东方出版社，1993.

87. 高小康. 世纪晚钟 [M]. 北京：东方出版社，1995.

88. 歌德. 浮士德 [M]. 绿原，译. 北京：人民文学出版社，2014.

89. 歌德. 少年维特的烦恼 [M]. 韩耀成，译. 南京：译林出版社，2010.

90. 格尔茨. 文化的解释 [M]. 韩莉，译. 南京：译林出版社，2014.

91. 格雷马斯. 论意义：上、下 [M]. 冯学俊，吴泓缈，译. 天津：百花文艺出版社，2005.

92. 宫泽贤治. 银河铁道之夜 [M]. 王小燕，译. 上海：上海译文出版社，2023.

93. 谷崎润一郎. 春琴抄 [M]. 赖明珠，译. 上海：上海译文出版社，2016.

94. 哈利里. 麦卡姆词话 [M]. 王德新，译. 北京：华文出版社，2017.

95. 哈林，曼奇尼. 比较媒介体制：媒介与政治的三种模式 [M]. 陈娟，等译. 北京：中国人民大学出版社，2012.

96. 哈桑. 后现代转向 [M]. 刘象愚，译. 上海：上海人民出版社，2015.

97. 海明威. 太阳照常升起 [M]. 赵静男，译. 上海：上海译文出版社，2020.

98. 海涅. 德国，一个冬天的童话 [M]. 冯至，译. 北京：人民文学出版社，2015.

99. 汉森等. 大众传播研究方法 [M]. 崔保国，等译. 北京：新华出版社，2004.

100. 荷马. 伊利亚特 [M]. 陈中梅，译. 南京：译林出版社，2012.

101. 荷马. 奥德赛 [M]. 陈中梅，译. 南京：译林出版社，2012.

102. 荷尔德林. 荷尔德林诗选 [M]. 林克，译. 成都：四川人民出版社，2021.

103. 赫伯迪格. 亚文化：风格的意义 [M]. 陆道夫，胡疆锋，译. 北京：北京大学出版社，2009.

104. 赫拉利. 人类简史：从动物到上帝 [M]. 林俊宏，译. 北京：中信出版社，2014.

105. 赫西俄德. 工作与时日 / 神谱 [M]. 张竹明，蒋平，译. 北京：商务印书馆，1991.

106. 赫胥黎. 美丽新世界 [M]. 孙法理，译. 南京：译林出版社，2020.

107. 黑塞. 荒原狼 [M]. 萧逢年，译. 上海：上海三联书店，2013.

108. 亨利. 欧·亨利短篇小说精选 [M]. 崔爽，译. 杭州：浙江文艺出版社，2018.

109. 亨廷顿. 文明的冲突与世界秩序的重建 [M]. 周琪，等译. 3 版. 北京：新华出版社，2002.

110. 胡赛尼. 追风筝的人 [M]. 李继宏，译. 上海：上海人民出版社，2006.

111. 华兹华斯，柯尔律治. 华兹华斯/柯尔律治诗选 [M]. 杨德豫，译. 北京：人民文学出版社，2001 年.

112. 华兹华斯. 序曲或一位诗人心灵的成长 [M]. 丁宏为，译. 北京：北京大学出版社，2017.

113. 黄裕生. 摆渡在有 - 无之间的哲学：第一哲学问题研究 [M]. 北京：清华大学出版社，2019.

114. 霍尔. 超越文化 [M]. 何道宽，译. 北京：北京大学出版社，2010.

115. 霍克斯. 结构主义和符号学 [M]. 瞿铁鹏，译. 上海：上海译文出版社，1997.

116. 霍斯金. 天文学简史 [M]. 陈道汉，译. 南京：译林出版社，2013.

117. 惠特曼. 草叶集 [M]. 邹仲之，译. 上海：上海译文出版社，2016.

118. 基恩. 媒体与民主 [M]. 卻继红，刘士军，译. 北京：社会科学文献出版社，2003.

119. 基兰. 媒体伦理 [C]. 张培伦，郑佳瑜，译. 南京：南京大学出版社，2009.

120. 济慈. 济慈诗选 [M]. 屠岸，译. 北京：人民文学出版社，1997.

121. 纪伯伦. 纪伯伦散文诗经典 [M]. 李唯中，译. 南京：译林出版社，2019.

122. 纪德. 窄门 [M]. 顾琪静，译. 天津：天津人民出版社，2018.

123. 加缪. 局外人 [M]. 郭硕博，陈杰，译. 重庆：重庆大学出版社，2020.

124. 加缪 . 西西弗神话 [M]. 沈志明，译 . 上海：上海译文出版社，2013.

125. 姜 . 你一生的故事 [M]. 李克勤，等译 . 南京：译林出版社，2019.

126. 芥川龙之介 . 罗生门——芥川龙之介短篇小说选 [M]. 楼适夷，等译 . 南京：译林出版社，2010.

127. 金观涛 . 探索现代社会的起源 [M]. 北京：社会科学文献出版社，2010.

128. 聚斯金德 . 香水 [M]. 李清华，译 . 上海：上海译文出版社，2005.

129. 卡尔维诺 . 树上的男爵 [M]. 吴正仪，译 . 南京：译林出版社，2012.

130. 卡夫卡 . 城堡 [M]. 张荣昌，译 . 上海：上海译文出版社，2012.

131. 卡洛尔 . 大众艺术哲学论纲 [M]. 严忠志，译 . 北京：商务印书馆，2010.

132. 卡西尔 . 语言与神话 [M]. 于晓，等译 . 北京：生活·读书·新知三联书店，1988.

133. 卡西尔 . 论人——人类文化哲学导论 [M]. 刘述先，译 . 桂林：广西师范大学出版社，2006.

134. 卡逊 . 寂静的春天 [M]. 许亮，译 . 北京：北京理工大学出版社，2015.

135. 凯勒 . 假如给我三天光明 [M]. 林海岑，译 . 南京：译林出版社，2012.

136. 凯鲁亚克 . 垮掉的一代 [M]. 金绍禹，译 . 上海：上海译文出版社，2012.

137. 凯鲁亚克 . 在路上 [M]. 文楚安，译 . 桂林：漓江出版社，2001.

138. 坎贝尔 . 千面英雄 [M]. 黄珏苹，译 . 杭州：浙江人民出版社，2016.

139. 康德 . 判断力批判 [M]. 邓晓芒，译 . 北京：人民出版社，2002.

140. 康帕内拉 . 太阳城 [M]. 陈大维，等译 . 2 版 . 北京：商务印书馆，1980.

141. 克尔凯郭尔 . 非此即彼 [M]. 陈俊松，黄德先，译 . 北京：光明日报出版社，2007.

142. 克罗齐 . 美学的理论 [M]. 田时纲，译 . 北京：中国人民大学出版社，2014.

143. 克罗齐 . 美学或艺术和语言哲学 [M]. 黄文捷，译 . 北京：中国社会科学出版社，1992.

144. 孔飞力. 叫魂：1768 年中国妖术大恐慌 [M]. 陈兼，刘昶，译. 上海：上海三联书店，2014.

145. 库恩. 科学革命的结构 [M]. 金吾伦，胡新和，译. 2 版. 北京：北京大学出版社，2012.

146. 昆德拉. 不能承受的生命之轻 [M]. 许钧，译. 上海：上海译文出版社，2003.

147. 兰波. 孤儿的新年礼物：兰波诗歌集 [M]. 王以培，译. 桂林：广西师范大学出版社，2021.

148. 劳伦斯. 重返伊甸园：劳伦斯诗选 [M]. 毕冰宾，译. 北京：人民文学出版社，2018.

149. 李. 杀死一只知更鸟 [M]. 李育超，译. 南京：译林出版社，2017.

150. 李普曼. 舆论学 [M]. 林珊，译. 北京：华夏出版社，1989.

151. 李特约翰. 人类传播理论 [M]. 史安斌，译. 北京：清华大学出版社，2004.

152. 李维斯，纳斯. 媒体等同 [M]. 卢大川，等译. 上海：复旦大学出版社，2001.

153. 李银河. 性文化研究报告 [M]. 南京：江苏人民出版社，2003.

154. 李银河. 李银河说性 [M]. 哈尔滨：北方文艺出版社，2006.

155. 理查兹. 差异的面纱：文学、人类学及艺术中的文化表现 [M]. 如一，等译. 沈阳：辽宁教育出版社，2003.

156. 里德. 艺术与社会 [M]. 陈方明，王怡红，译. 北京：工人出版社，1989.

157. 利奥波德. 沙乡年鉴 [M]. 侯文蕙，译. 南京：译林出版社，2019.

158. 利奇德. 古希腊风化史 [M]. 杜昌忠，等译. 北京：海豚出版社，2012.

159. 利文森. 软边缘——信息革命的历史与未来 [M]. 熊澄宇，等译. 北京：清华大学出版社，2002.

160. 联合国教科文组织. 多种声音一个世界 [R]. 北京：中国对外翻译出版

公司，1981.

161. 联合国教科文组织 . 文化多样性与人类全面发展——世界文化与发展委员会报告 [R]. 广州 : 广东人民出版社，2006.

162. 列维 - 斯特劳斯 . 野性的思维 [M]. 李幼蒸，译 . 北京 : 中国人民大学出版社，2006.

163. 列维 - 斯特劳斯 . 猞猁的故事 [M]. 庄晨燕，刘存孝，译 . 北京 : 中国人民大学出版社，2006.

164. 列维 - 斯特劳斯 . 看·听·读 [M]. 顾嘉琛，译 . 北京 : 生活·读书·新知三联书店，1996.

165. 刘海龙 . 大众传播理论：范式与流派 [M]. 北京 : 中国人民大学出版社，2008.

166. 刘海龙 . 重访灰色地带：传播研究史的书写与记忆 [M]. 北京 : 北京大学出版社，2015.

167. 刘宏宇 . 呈现的真相和传达的策略：博物馆历史展览中的符号传播和媒介应用 [M]. 北京 : 人民日报出版社，2015.

168. 刘璞 . 音乐大师与世界名作 [M]. 北京 : 中国人民大学出版社，1995.

169. 刘小枫 . 沉重的肉身 [M]. 北京 : 华夏出版社，2015.

170. 刘易斯 . 文化研究基础理论 [M]. 郭镇之，等译 . 2 版 . 北京 : 清华大学出版社，2013.

171. 卢卡奇 . 历史与阶级意识：关于马克思主义辩证法的研究 [M]. 杜章智，等译 . 北京 : 商务印书馆，1999.

172. 卢梭 . 论科学与艺术的复兴是否有助于使风俗日趋纯朴 [M]. 李平沤，译 . 北京 : 商务印书馆，2016.

173. 陆扬，王毅 . 文化研究导论 [M]. 上海 : 复旦大学出版社，2006.

174. 伦敦 . 野性的呼唤 [M]. 刘荣跃，译 . 上海 : 上海译文出版社，2020.

175. 罗尔 . 媒介、传播、文化——一个全球性的途径 [M]. 董洪川，译 . 北京 : 商务印书馆，2005.

176. 罗尔斯 . 正义论 [M]. 何怀宏，等译 . 北京 : 中国社会科学出版社，

1988.

177. 罗钢，刘象愚 . 文化研究读本 [C]. 北京：中国社会科学出版社，2000.

178. 罗兰 . 约翰·克利斯朵夫 [M]. 韩沪麟，译 . 南京：译林出版社，2011.

179. 罗素 . 权威与个人 [M]. 储智勇，译 . 北京：商务印书馆，2010.

180. 洛厄里，德弗勒 . 大众传播效果研究的里程碑 [M]. 刘海龙，等译 . 北京：中国人民大学出版社，2009.

181. 洛尔迦 . 船在海上，马在山中：洛尔迦诗集 [M]. 戴望舒，译 . 昆明：云南人民出版社，2020.

182. 洛克 . 教育漫话 [M]. 徐大建，译 . 北京：商务印书馆，2020.

183. 洛文塔尔 . 文学、通俗文化和社会 [M]. 甘锋，译 . 北京：中国人民大学出版社，2012.

184. 吕鹏 . 性属、媒介与权力再生产：消费社会背景下电视对男性气质的表征研究 [M]. 北京：北京理工大学出版社，2011.

185. 马尔克斯 . 百年孤独 [M]. 范晔，译 . 海口：南海出版公司，2011.

186. 马尔克斯 . 霍乱时期的爱情 [M]. 杨玲，译 . 海口：南海出版公司，2012.

187. 马尔库塞 . 爱欲与文明——对弗洛伊德思想的哲学探讨 [M]. 黄勇，薛民，译 . 上海：上海译文出版社，2008.

188. 马少华 . 想得很美：乌托邦的细节设计 [M]. 北京：中国青年出版社，2011.

189. 马斯阿迪 . 艾布·胡莱赖如是说 [M]. 王德新，译 . 北京：华文出版社，2018.

190. 马兹利什 . 文明及其内涵 [M]. 汪辉，译 . 北京：商务印书馆，2020.

191. 迈尔斯 . 社会心理学 [M]. 侯玉波，等译 . 11 版 . 北京：人民邮电出版社，2016.

192. 麦格雷 . 传播理论史：一种社会学的视角 [M]. 刘芳，译 . 北京：中国传媒大学出版社，2009.

193. 麦卡洛 . 荆棘鸟 [M] 曾胡，译 . 南京：译林出版社，2010.

194. 麦克卢汉 . 理解媒介——论人的延伸 [M]. 何道宽，译 . 北京：商务印书馆，2000.

195. 麦库姆斯 . 议程设置：大众媒介与舆论 [M]. 郭镇之，徐培喜，译 . 北京：北京大学出版社，2008.

196. 曼古埃尔 . 阅读史 [M]. 吴昌杰，译 . 商务印书馆，2002.

197. 毛姆 . 月亮与六便士 [M]. 谷启楠，译 . 北京：人民文学出版社，2016.

198. 梅罗维茨 . 消失的地域：电子媒介对社会行为的影响 [M]. 肖志军，译 . 北京：清华大学出版社，2002.

199. 梅洛 - 庞蒂 . 符号 [M]. 姜志辉，译 . 北京：商务印书馆，2003.

200. 梅特里 . 人是机器 [M]. 顾寿观，译 . 北京：商务印书馆，1959.

201. 蒙特罗索 . 黑羊 [M]. 吴彩娟，译 . 上海：上海人民出版社，2015.

202. 弥尔顿 . 失乐园 [M]. 刘捷，译 . 上海：上海译文出版社，2012.

203. 米德 . 心灵、自我与社会 [M]. 霍桂桓，译 . 北京：华夏出版社，1999.

204. 米勒 . 福柯的生死爱欲 [M]. 高毅，译 . 上海：上海人民出版社，2003.

205. 米塞斯 . 人的行动：关于经济学的论文：上、下 [M]. 余晖，译 . 上海：上海人民出版社，2013.

206. 莫尔 . 乌托邦 [M]. 戴镏龄，译 . 2 版 . 北京：商务印书馆，1982.

207. 莫里斯 . 乌有乡消息 [M]. 黄嘉德，译 . 北京：商务印书馆，1981.

208. 莫利 . 电视、受众与文化研究 [M]. 史安斌，主译 . 北京：新华出版社，2005.

209. 莫斯 . 礼物 [M]. 汲喆，译 . 北京：商务印书馆，2019.

210. 莫斯科维奇 . 群氓的时代 [M]. 许列民，等译 . 南京：江苏人民出版社，2003.

211. 莫滕森 . 跨文化传播学：东方的视角 [C]. 关世杰，胡兴，译 . 北京：中国社会科学出版社，1999.

212. 姆贝 . 组织中的传播和权力：话语、意识形态和统治 [M]. 陈德民，等译 . 北京：中国社会科学出版社，2000.

213. 穆勒 . 功利主义 [M]. 叶建新，译 . 北京：中国社会科学出版社，2009.

214. 尼采. 道德的谱系 [M]. 梁锡江，译. 上海：华东师范大学出版社，2015.

215. 尼采. 善恶之彼岸：未来的一个哲学序曲 [M]. 程志民，译. 北京：华夏出版社，2000.

216. 尼尔森. 蓝 [M]. 翁海贞，译. 北京：北京联合出版公司，2022.

217. 尼罗等. 最后的权利：重议《报刊的四种理论》[M]. 周翔，译. 汕头：汕头大学出版社，2008.

218. 聂鲁达. 元素颂 [M]. 刘博宁，译. 海口：南海出版公司，2022.

219. 聂鲁达. 二十首情诗和一首绝望的歌 [M]. 盛妍，译. 海口：南海出版公司，2023.

220. 诺尔 - 诺依曼. 沉默的螺旋：舆论——我们的社会皮肤 [M]. 董璐，译. 北京：北京大学出版社，2013.

221. 帕维奇. 鱼鳞帽艳史 [M]. 戴骢，陈寂，译. 上海：上海译文出版社，2023.

222. 帕乌斯托夫斯基. 金蔷薇 [M]. 戴骢，译. 上海：上海译文出版社，2010.

223. 帕斯捷尔纳克. 日瓦戈医生 [M]. 赵腾飞，曹文静，译. 南京：江苏凤凰文艺出版社，2011.

224. 培根. 新大西岛 [M]. 何新，译. 北京：商务印书馆，2012.

225. 裴多菲. 裴多菲诗选 [M]. 孙用，译. 北京：人民文学出版社，1954.

226. 佩索阿. 我的心迟到了：佩索阿情诗 [M]. 姚风，译. 杭州：浙江文艺出版社，2020.

227. 彭聃龄. 普通心理学 [M]. 4 版. 北京：北京师范大学出版社，2012.

228. 皮珀. 闲暇——文化的基础 [M]. 刘森尧，译. 北京：新星出版社，2005.

229. 坡. 爱伦·坡短篇小说集 [M]. 陈良廷，等译. 北京：人民文学出版社，1998.

230. 普罗普. 神奇故事的历史根源 [M]. 贾放，译. 北京：北京联合出版公司，2022.

231. 普希金 . 叶甫盖尼·奥涅金 [M]. 冯春，译 . 上海：上海译文出版社，2018.

232. 乔伊斯 . 尤利西斯 [M]. 萧乾，文洁若，译 . 南京：译林出版社，2010.

233. 乔伊斯 . 一个人的朝圣 [M]. 黄妙瑜，译 . 北京：北京联合出版公司，2023.

234. 荣格，卫礼贤 . 金花的秘密——中国的生命之书 [M]. 张卜天，译 . 北京：商务印书馆，2016.

235. 萨默瓦，波特 . 跨文化传播 [M]. 闵惠泉，等译 . 北京：中国人民大学出版社，2004.

236. 萨丕尔 . 语言论——言语研究导论 [M]. 陆卓元，译 . 北京：商务印书馆，1985.

237. 塞林格 . 麦田里的守望者 [M]. 施咸荣，译 . 南京：译林出版社，2018.

238. 塞万提斯 . 堂吉诃德 [M]. 屠孟超，译 . 南京：译林出版社，2011.

239. 沙莲香 . 传播学——以人为主体的图象世界之谜 [C]. 北京：中国人民大学出版社，1990.

240. 莎士比亚 . 暴风雨 [M]. 朱生豪，译 . 北京：中国青年出版社，2013.

241. 莎士比亚 . 莎士比亚十四行诗 [M]. 梁宗岱，译 . 北京：人民文学出版社，2020.

242. 施拉姆，波特 . 传播学概论 [M]. 何道宽，译 . 北京：中国人民大学出版社，2010.

243. 施林克 . 朗读者 [M]. 钱定平，译 . 南京：译林出版社，2009.

244. 施瓦布 . 希腊神话故事 [M]. 刘超之，艾英，译 . 北京：宗教文化出版社，1996.

245. 舒德森 . 发掘新闻：美国报业的社会史 [M]. 陈昌凤，常江，译 . 北京：北京大学出版社，2009.

246. 司汤达 . 红与黑 [M]. 张冠尧，译 . 北京：人民文学出版社，1999.

247. 斯宾诺莎 . 伦理学 [M]. 贺麟，译 . 2 版 . 北京：商务印书馆，1983.

248. 斯费兹 . 传播 [M]. 朱振明，译 . 北京：中国传媒大学出版社，2007.

249. 斯密 . 道德情操论 [M]. 蒋自强，等译 . 北京：商务印书馆，1997.

250. 斯托巴特 . 光荣属于希腊 [M]. 史国荣，译 . 上海：上海三联书店，2011.

251. 松田行正 . 圆与方 [M]. 黄碧君，译 . 北京：中央编译出版社，2014.

252. 宋昭勋 . 非言语传播学 [M]. 上海：复旦大学出版社，2008.

253. 孙元平 . 杏仁 [M]. 谢雅玉，译 . 北京：民主与建设出版社，2019.

254. 梭罗 . 瓦尔登湖 [M]. 许崇信，林本椿，译 . 南京：译林出版社，2011.

255. 索绪尔 . 普通语言学教程 [M]. 高名凯，译 . 北京：商务印书馆，1980.

256. 泰戈尔 . 飞鸟集 [M]. 郑振铎，冰心，译 . 南京：译林出版社，2010.

257. 泰勒 . 原始文化：神话、哲学、宗教、语言、艺术和习俗发展之研究 [M]. 连树声，译 . 桂林：广西师范大学出版社，2005.

258. 泰勒，威利斯 . 媒介研究：文本、机构与受众 [M]. 吴靖，黄佩，译 . 北京：北京大学出版社，2005.

259. 汤林森 . 文化帝国主义 [M]. 冯建三，译 . 上海：上海人民出版社，1999.

260. 汤因比 . 历史研究：上、下 [M]. 郭小凌，等译 . 上海：上海人民出版社，2010.

261. 陶东风，和磊 . 文化研究 [M]. 桂林：广西师范大学出版社，2006.

262. 田山花袋 . 棉被 [M]. 周阅，译 . 上海：上海译文出版社，2011.

263. 托尔斯泰 . 复活 [M]. 力冈，译 . 南京：译林出版社，2013.

264. 托克维尔 . 论美国的民主：上、下 [M]. 董果良，译 . 北京：商务印书馆，1988.

265. 陀思妥耶夫斯基 . 被侮辱与被损害的人 [M]. 臧仲伦，译 . 南京：译林出版社，2010.

266. 陀思妥耶夫斯基 . 卡拉马佐夫兄弟：上、下 [M]. 荣如德，译 . 上海：上海译文出版社，2015.

267. 汪子嵩等 . 欧洲哲学史简编 [M]. 北京：人民出版社，1972.

268. 王尔德. 夜莺与玫瑰：王尔德童话全集 [M]. 王林，译. 南京：译林出版社，2022.

269. 王路. 逻辑与哲学 [M]. 北京：清华大学出版社，2019.

270. 王一川. 意义的瞬间生成 [M]. 济南：山东文艺出版社，1988.

271. 王怡红. 人与人的相遇——人际传播论 [M]. 北京：人民出版社，2003.

272. 王亦高. 跨文化传播：赫拉克勒斯神话品析 [M]. 北京：中译出版社，2023.

273. 维纳. 人有人的用处——控制论和社会 [M]. 陈步，译. 北京：商务印书馆，2011.

274. 维维安. 大众传播媒介 [M]. 顾宜凡，等译. 北京：北京大学出版社，2010.

275. 韦纳. 古希腊人是否相信他们的神话：论构建的想象 [M]. 张竝，译. 上海：华东师范大学出版社，2014.

276. 未凡，未珉. 外国现代派诗集 [C]. 北京：中国文联出版公司，1989.

277. 翁昌寿. 理解文化产业：网络时代的文化与意义生产研究 [M]. 北京：中国广播影视出版社，2016.

278. 吴尔敦. 信息不等于传播 [M]. 宋嘉宁，译. 北京：中国传媒大学出版社，2012.

279. 吴雅凌. 俄耳甫斯教祷歌 [C]. 北京：华夏出版社，2006.

280. 吴雅凌. 神谱笺释 [M]. 北京：华夏出版社，2010.

281. 伍尔夫. 一间只属于自己的房间 [M]. 周颖琪，译. 天津：天津人民出版社，2019.

282. 伍尔夫. 到灯塔去 [M]. 王家湘，译. 2 版. 北京：北京十月文艺出版社，2021.

283. 西伯特等. 传媒的四种理论 [M]. 戴鑫，译. 北京：中国人民大学出版社，2008.

284. 西格尔. 爱情故事 [M]. 舒心，鄂以迪，译. 上海：上海译文出版社，2011.

285. 西萨，德蒂安. 古希腊众神的生活 [M]. 郑元华，译. 上海：上海人民出版社，2008.

286. 希罗多德. 希罗多德历史：上、下 [M]. 王以铸，译. 北京：商务印书馆，1959.

287. 席勒. 大众传播与美帝国 [M]. 刘晓红，译. 上海：上海译文出版社，2013.

288. 夏尔克. 罗马神话 [M]. 曹乃云，译. 南京：译林出版社，2010.

289. 夏目漱石. 心 [M]. 竺家荣，译. 长春：时代文艺出版社，2020.

290. 小仲马. 茶花女 [M]. 王振孙，译. 北京：人民文学出版社，1980.

291. 薛定谔. 自然与希腊人 / 科学与人文主义 [M]. 张卜天，译. 北京：商务印书馆，2020.

292. 雪莱. 雪莱抒情诗选 [M]. 查良铮，译. 北京：人民文学出版社，1958.

293. 雅斯贝斯. 时代的精神状况 [M]. 王德峰，译. 上海：上海译文出版社，2013.

294. 亚里士多德. 天象论 / 宇宙论 [M]. 吴寿彭，译. 北京：商务印书馆，1999.

295. 闫伊默. 仪式传播与认同研究 [M]. 北京：知识产权出版社，2014.

296. 杨琼. 中国语境下科幻文学的文体建构 [M]. 广州：广东高等教育出版社，2020.

297. 尧斯. 审美经验论 [M]. 朱立元，译. 北京：作家出版社，1992.

298. 叶芝. 当你老了 [M]. 宋龙艺，译. 北京：北京理工大学出版社，2015.

299. 伊格尔顿. 沃尔特·本雅明或走向革命批评 [M]. 郭国良，陆汉臻，译. 南京：译林出版社，2005.

300. 伊拉斯谟. 愚人颂 [M]. 许崇信，等译. 南京：译林出版社，2010.

301. 伊尼斯. 变化中的时间观念 [M]. 何道宽，译. 北京：中国传媒大学出版社，2013.

302. 伊索. 伊索寓言全集 [M]. 李汝仪，译. 南京：译林出版社，2010.

303. 余虹. 艺术与归家——尼采·海德格尔·福柯 [M]. 北京：中国人民大

学出版社，2005.

304. 俞建章，叶舒宪 . 符号：语言与艺术 [M]. 上海：上海人民出版社，1988.

305. 雨果 . 悲惨世界：上、下 [M]. 潘丽珍，译 . 南京：译林出版社，2010.

306. 袁珂 . 中国神话传说 [M]. 北京：北京联合出版公司，2016.

307. 扎米亚京 . 我们 [M]. 陈超，译 . 上海：上海译文出版社，2017.

308. 詹姆逊 . 文化转向 [M]. 胡亚敏，等译 . 北京：中国社会科学出版社，2000.

309. 张巨岩 . 权力的声音——美国的媒体和战争 [M]. 北京：生活·读书·新知三联书店，2004.

310. 郑根成 . 媒介载道——传媒伦理研究 [M]. 北京：中央编译出版社，2009.

311. 周勇 . 影像背后：网络语境下的视觉传播 [M]. 北京：中国传媒大学出版社，2014.

312. 朱光潜 . 谈美 / 文艺心理学 [M]. 北京：中华书局，2012.

313. 朱谦之 . 文化哲学 [M]. 北京：商务印书馆，1990.

314. 朱谦之 . 中国音乐文学史 [M]. 上海：上海人民出版社，2006.

学术平台支持

本作品受到以下学术平台（或项目）的鼎力支持，特予说明，并致谢：

——中国人民大学"马克思主义+"跨学科平台（新闻传播子平台）项目；

——中国人民大学新闻与社会发展研究中心"传播基础理论与话语学术创新"项目；

——中国人民大学马克思主义新闻观研究中心。